DANS LE VENT

Dans Le Vent

CATHERINE A. MALEY

University of North Carolina, Chapel Hill

HOLT, RINEHART and WINSTON

New York   San Francisco   Toronto   London

Permissions: Acknowledgments for the use of reading selections appear at the end of each reading selection, and illustration credits appear on p. 210 at the end of this book.

Library of Congress Cataloging in Publication Data

Maley, Catherine A
  Dans le vent.

  1. French language—Conversation and phrase books.
I. Title.
PC2121.M24   448'.3'421   79-22882
ISBN 0-03-042661-8

0 1 2   140 9 8 7 6 5 4 3

CONTENTS

Preface   ix

Leçon préliminaire   Un Coup de téléphone   1

COMMENT POSER DES QUESTIONS EN FRANÇAIS   2
L'ESSENTIEL   4
CONSEILS À L'ÉTUDIANT   4
EXERCICES   7
Décourager les mauvais plaisants   9
SUJETS DE DISCUSSIONS   10

chapitre 1   La Vie scolaire   11

L'ESSENTIEL   11
EXERCICES   14
Des Hommes à l'école   17
La Génération compliquée   18
Profession: étudiant   20
Des Trucs pour avant l'examen   21
La Culture en question   23
SUJETS DE DISCUSSIONS   24

chapitre 2   La Vie familiale   25

L'ESSENTIEL   25
EXERCICES   29
Le Courrier du cœur   30
La Femme et le travail—deux points de vue   31
Un Homme au foyer   33
La Mort? Je ne la connais pas!   35
SUJETS DE DISCUSSIONS   36

chapitre 3   La Santé   37

L'ESSENTIEL   37
EXERCICES   42
Malades de leur maître   44
Je ne veux pas mourir d'un cancer   45

Une Opération par un chirurgien à mains nues　46
Les Français et leur médecin　48

SUJETS DE DISCUSSIONS　51

chapitre 4　# La Beauté et la mode　52

L'ESSENTIEL　52
EXERCICES　59

La Menace sur votre tête　60
Maquillage pour hommes　62
Tristan et les soldes　63
En jeans au bureau?　65
La Beautécratie　67

SUJETS DE DISCUSSIONS　68

chapitre 5　# Le Voyage et les moyens de transport　69

L'ESSENTIEL　69
EXERCICES　75

Accident au cours de l'examen du permis de conduire　76
Pour prendre l'habitude de bien conduire　77
La Vitesse, c'est dépasser　79
La Course Paris-Lyon-Paris　80

SUJETS DE DISCUSSIONS　82

chapitre 6　# Les Vacances: le logement et la nourriture　83

L'ESSENTIEL　83
EXERCICES　87

La Fringale des congés　88
La Confession d'un portier d'hôtel　90
Français, mettez-vous au régime!　92
La France vue par les touristes étrangers　94

SUJETS DE DISCUSSIONS　96

chapitre 7   **Les Français sont aussi comme ça**   **98**

L'ESSENTIEL   98
EXERCICES   102

La Galanterie: un attrape-nigaudes   102
Et maintenant elles volent   104
Un Test: êtes-vous sûr de ne pas avoir de préjugés?   106
La Jeunesse devant l'alcool   108
La Liberté sexuelle   109
Les Jeunes croient-ils en Dieu?   111

SUJETS DE DISCUSSIONS   113

chapitre 8   **Les Sports**   **114**

L'ESSENTIEL   114
EXERCICES   118

Les Femmes rattrapent les hommes   119
La Violence, submerge-t-elle nos stades?   121
Le Ski français: au fond du gouffre   123

SUJETS DE DISCUSSIONS   124

chapitre 9   **Les Loisirs**   **126**

L'ESSENTIEL   126
EXERCICES   130

TV: la révolution silencieuse   131
Les Français et leurs distractions préférées   133
Un acteur parle des journalistes   136

SUJETS DE DISCUSSIONS   137

chapitre 10   **La Vie économique**   **138**

L'ESSENTIEL   138
EXERCICES   143

Emploi: l'impasse   144
Savoir se vendre   146
Quand un mécanicien devient patron   147
Vendez français   149

SUJETS DE DISCUSSIONS   150

chapitre 11   **La Vie politique**   **152**

     L'ESSENTIEL   152
     EXERCICES   155

     En Amérique, la contestation est démodée   157
     Commentaire sur les débats politiques   159
     Si vous voulez participer au vote   160
     Les Jeunes et la politique   162

     SUJETS DE DISCUSSIONS   164

Appendice A   **Comment répondre**   **165**
                     How to answer   **169**

Appendice B   *The Essential*   **173**

Appendice C   **Des Proverbes et des**
                     expressions de tous les jours   **193**

Vocabulaire Français-Anglais   **195**

Preface

Dans le vent is designed to give students who have had one or two years of elementary French a practical vocabulary and the opportunity to use it while carrying on conversations about everyday things of interest to them. For this reason the first part of each chapter concentrates on building active vocabulary.

Each chapter contains several short reading passages selected from current publications such as *l'Express, Le Point, Nouvel Observateur, Elle,* and *Paris-Match*. These reading selections, organized into topic areas, provide the basis for the students' original oral classwork. Selections vary in tone from the sad, serious, and cynical to the humorous and controversial in order to encourage students to react, to talk, and to exchange ideas.

Dans le vent can be used as a reader for a third- or fourth-semester course in conjunction with a grammar book. If it is used for a conversation course, the instructor can recommend a grammar text for students to consult. The material of the text can also be used as a basis for compositions.

THE TEXT

Leçon préliminaire

The preliminary lesson is designed to introduce students to the general format of each chapter and to indicate how to study the text, especially the section *L'Essentiel*. The students are referred to *Appendice A,* a reference list of reactions to various situations, telling, for example, what to say if you are angry or confused or disagree with someone.

Early in the course students should be encouraged to answer questions with complete sentences in order to have as much practice as possible. Although it will probably be necessary for the instructor to initiate conversations with questions, the class should move gradually from an instructor-centered session to a student-centered session, so that students become involved in asking questions and giving conversational cues while the instructor acts as moderator and language expert.

L'Essentiel

Part of the vocabulary of *L'Essentiel* consists of words students have previously studied. This familiar vocabulary is placed with the new vocabulary, grouped by topics, and presented in subject-verb-complement columns so that sentences can be easily constructed as the vocabulary is studied. To save students' time and to aid them in their study, the vocabulary of *L'Essentiel* is translated in *Appendice B* in the same format as the French. Each vocabulary section is followed by questions and exercises that provide the basis for the initial manipulation of the vocabulary in class. The questions progress from the simple and obvious to those of a more thought-provoking nature, requiring detailed answers based on the students' own experiences. The exercises give students practice in forming sentences and questions and in formulating reactions to various statements and conversational stimuli. The exercises at the end of each *L'Essentiel* are based on the entire section. The amount of class time required for working with the vocabulary and exercises of *L'Essentiel* will depend on the students' background in French.

Exercices

How to deal with *"micro-conversations"*[1]

A micro-conversation is an exchange of responses between teacher and student or student and student. It is similar to a structural exercise or pattern practice in that

---

[1]M. Calamand et al., ''Les Micro-conversations,'' *Le Français dans le monde:* 78 (janvier-février 1971), 29–34.

both have a framework within which appropriate elements are to be substituted or transformed. However, a structural exercise is simply a set of stimuli with the appropriate response, whereas a micro-conversation is an exchange of comments and answers which places students in an authentic situation representing a natural flow of ideas and/or reactions within a given context. It thus approximates real conversation. The *"micro-conversations"* could be memorized in order to fix the structures and the chain of answers in the students' minds, making transformations possible and the responses reflex action.

Initially, the instructor presents the *"micro-conversation"* several times orally. In this way, the instructor sets the scene while working carefully with intonation and pronunciation. The students then learn the *"micro-conversation."* In the first run-through, the instructor should be the questionner, giving the cues for the changes and imposing the pace and speed of the conversation. Quick student reaction to the cue stimulus from the instructor is the goal. Next, the exchanges should be between students, with the stimuli given orally or visually by the instructor. Eventually students can construct their own *"micro-conversations."*

In the following example, the elements to be substituted are in boldface and those requiring changes are in italics.

A. *Quel beau* **cadeau!** *C'est* pour moi?
B. Oui, *c'est* pour toi.
C. Je peux *l'*emporter maintenant?
D. Oui, mais attention. *Il* est *lourd*.

Substitutions for **cadeau:** bicyclette; fruits; chaises

The derived conversations would be the following:

1. A. Quelle belle bicyclette! C'est pour moi?
   B. Oui, c'est pour toi.
   C. Je peux l'emporter maintenant?
   D. Oui, mais attention. Elle est lourde.

2. A. Quels beaux fruits! Ce sont pour moi?
   B. Oui, ce sont pour toi.
   C. Je peux les emporter maintenant?
   D. Oui, mais attention. Ils sont lourds.

3. A. Quelles belles chaises! Ce sont pour moi?
   B. Oui, ce sont pour toi.
   C. Je peux les emporter maintenant?
   D. Oui, mais attention. Elles sont lourdes.

How to deal with *"multi-conversations"*

A *"multi-conversation"* is an exchange of responses between teacher and student or student and student. Like the *"micro-conversation,"* it is an exchange of comments and answers which places students in authentic situations representing a natural flow of ideas and/or reactions within a given context. It thus approximates real conversation. However, in the *"multi-conversation"* complete responses are supplied for the student.

The situation in each *"multi-conversation"* is expressed by three conversations (1,2,3) arranged so that any of A's utterances (A1, A2, A3) can be followed by any of B's utterances (B1, B2, B3), which can be followed by any of C's utterances, etc. Thus the students are supplied with a variety of responses for a similar situation. The following is an example:

Multi-conversation: Entre le coiffeur et son client

A. 1. Comment dois-je vous coiffer?
   2. Quelle coiffure aujourd'hui? Comment les aimez-vous?
   3. Comment voudriez-vous que je les coupe?

B. 1. Juste un coup de peigne, s'il vous plaît.
   2. Ne les coupez pas trop, s'il vous plaît.
   3. Très courts partout, s'il vous plaît.

   C. 1. Voulez-vous que je vous fasse un shampooing?
       2. Un shampooing, Monsieur?
       3. Voulez-vous de la laque?
   D. 1. Non merci, laissez-les comme ça.
       2. Pas cette fois, merci.
       3. Non, je pense que non. Merci.

Initially, the instructor presents the *"multi-conversation 1"* (A1, B1, C1, D1) several times orally with the class repeating in chorus or individually after the teacher. Students can then be asked to read parts with the instructor or another student. Roles should be constantly changed and the exchange kept at a rapid pace. The same procedure is used for *"multi-conversation 2"* (A2, B2, C2, D2). At this point, the instructor should indicate the possible variations to the students and continue modeling conversation 3, pointing out that there are now even more variations. The students should become so familiar with the *"multi-conversation"* (to the point of memorization) that given an utterance from A they will be able to continue with any of the responses from B, then C, etc. Eventually, given a situation and a lead-in cue, students should be able to construct spontaneously their own conversations.

Imaginez

As a step towards free conversation, the students are asked to use their imagination and the vocabulary of *L'Essentiel* to invent comments and answers to the conversational cues as set up in the exercise *"Imaginez"* in the Leçon préliminaire and in Chapitre 1 through Chapitre 5. Beginning with Chapitre 6 the students will be asked to invent their own conversations. In contrast to the *"micro-conversation"* and the *"multi-conversation,"* where vocabulary and answers are controlled, *"Imaginez"* provides the students with the opportunity to reply spontaneously as in an actual conversation.

Reading Selections

Several short reading selections of a nonliterary nature are included in each chapter. More difficult vocabulary items and idiomatic expressions are defined in French within the context of the particular selection. The French-English vocabulary at the end of the text gives other definitions.

Each chapter is a complete unit unto itself. To provide flexibility and variety each chapter contains more than the usual number of short reading selections. It is not necessary to read all the selections in a chapter, but it is advisable to do the first four chapters in order. Not all students have to read all the selections chosen for study and discussion. It is possible to assign two or three students to a reading selection and hold them responsible for presenting the reading to the class and leading the discussion. The choice of readings will depend on the interest and abilities of the students.

A series of questions or statements to be completed follows each reading selection, giving students an opportunity to use the vocabulary, as well as enabling the instructor to find out if the text has been read and understood. Rather than writing out answers to the *"Questions,"* students should write only one or two words that will cue their replies so that the end result will be oral responses and not "reading" responses.

Each reading selection is also followed by the section *"A vous la parole,"* which encourages students to express their own opinions about what they have read and which permits more free conversation.

At this point, students should have an active command of the vocabulary presented in the chapter and therefore should be asked to prepare and present orally a topic from *"A vous la parole"* (either individually or collectively). Not all students should prepare all topics. The ideas and opinions to be presented can be written in the students' notebooks which the instructor can then utilize to prompt the students as they deliver their material, and to correct errors and grade the presentations. Students should not be allowed to read the material they have prepared, but they may have an outline to glance at if they run into difficulty. Presentation of a topic should be followed by open class discussion on the material presented. Certain students can be designated to formulate questions based on the presentations which are to be asked of other students in the class after the presentation. In this way, all the students participate in the activities.

The class can then be divided into two sections, pairs, or conversation groups, for work on the *Sujets de discussions* found at the end of each chapter. If it is a question of a debate, students should know in advance which point of view they are to take on the subject under discussion (for or against, and not necessarily their own personal point of view) so they can prepare their arguments ahead of time.

The following is a possible division of a lesson's materials:

One to two class sessions.	Working with the vocabulary and exercises which the students have been assigned to study and learn before coming to class. (The number or exercises done in class and the amount of time spent on them will vary according to the students' abilities.)
Two to three class sessions	Questions and discussion of the reading assignments. Assignment and presentation of topics from *"A vous la parole."* Assignment of *"Sujets de discussions."*
One to two class sessions	Presentation of *"Sujets de discussions."*

Acknowledgments

I would like to give special thanks to Professor Claude Bernard Jourdan of the Institut universitaire de technologie at Nice for her helpful suggestions and careful reading of the text; to Professor Paul P. Cloutier of the College of William and Mary for his suggestion for the title of this book. I am deeply indebted to friends in Haut de Cagnes, Montpellier, and Minneapolis for their support during this project.

C. A. M.

To
Barbara, Beth, Ceci, Janan,
Jeff, Jim, Marylou,
Nancy, Noah, Pam,
Pat, Susan and Wanda

Un Coup de Téléphone

The «*Leçon préliminaire*» will show you how to study and work with the material in *Dans le vent*. It is hoped that by using this book you will increase your active command of everyday French and improve your speaking ability to a level that will enable you to communicate in most of the situations you might encounter in a French-speaking community.

COMMENT POSER UNE QUESTION EN FRANÇAIS

Il y a deux types de questions:

A. Les questions simples pour demander des réponses directes auxquelles on peut répondre avec un rapide «oui» ou «non» (ou avec des expressions comme **peut-être; ça se peut; je le crois; je ne sais pas; bien entendu; sans doute; je n'en suis pas certain(e)** etc.)

Les questions simples peuvent être posées avec une intonation montante

(a) sans avoir changé l'ordre du sujet et du verbe:

Jean vient?

(b) en ajoutant «est-ce que»:

Est-ce que Jean vient?

(c) ou en changeant l'ordre du sujet et du verbe:

Jean, vient-il?

Les deux premières (a) et (b) sont les manières les plus souvent employées pour poser une question dans la langue parlée.

B. Les questions plus compliquées exigent un mot interrogatif et une intonation descendante.

Pronoms interrogatifs

Qui est-ce?	C'est Jean.
Qui vois-tu?	Personne.
Qui est-ce que tu vois?	Personne.
Qu'est-ce qui se passe?	Rien d'intéressant.
Qu'est-ce que c'est?	C'est un oiseau.
Qu'est-ce que tu vois?	Une voiture rouge.
Que vois-tu?	Pas grand'chose.
À qui parles-tu?	À Pierre.
De qui parles-tu?	De Chantal.
Pour qui travailles-tu?	Pour mon père.
À quoi penses-tu?	À mon bateau.
De quoi as-tu besoin?	De ma voiture.
Par quoi commençons-nous?	Par la deuxième.
En quoi puis-je être utile?	Il n'y a rien à faire.
Lequel est le plus grand?	Le rouge.

Adjectifs interrogatifs

Quel livre veux-tu?	Le rouge.
Quels films préfères-tu?	Les westerns.
Quelle heure est-il?	16 heures.
Quelles fleurs aimes-tu?	Les roses jaunes.
Quel est cet animal?	Un tigre.
Quelle est ta place?	La première à gauche.
À quel livre penses-tu?	Au dernier roman de Sarraute.
De quel livre parles-tu?	Du livre français.
Avec quelle cousine viens-tu?	Avec la plus âgée.
Par quelle route arrives-tu?	Par la plus rapide.
Dans quelle maison habites-tu?	Dans la plus belle.
En quelle saison voyages-tu?	En hiver.
Sur quelle table écris-tu?	Sur celle-là.
Pour quelle maladie est-ce bon?	Pour les rages de dents.

Adverbes interrogatifs

Où est le musée?	Au coin de la rue.
D'où vient-il?	De Montpellier.
Par où es-tu passé?	Par Avignon.
Quand viendront-ils?	Quand ils auront le temps.
Depuis quand étudies-tu?	Depuis hier soir.
Comment va votre mère?	Pas très bien.
Comment es-tu arrivé?	Par avion.
Combien en as-tu?	J'en ai trois.
Combien coûte la voiture?	35.000 francs.
Pour combien de temps pars-tu?	Pour trois mois.
Pendant combien de temps es-tu resté à Nice?	Pendant trois mois.
Pourquoi travailles-tu?	Parce que j'ai besoin d'argent.

UNE INTERVIEW

Divisez les étudiants en groupes de deux. Les deux étudiants vont se poser autant de questions possibles en 5 minutes. (D'où viens-tu? Où habites-tu? ta famille? Depuis quand es-tu à l'université? Combien de sœurs (frères) as-tu? Quels films (acteurs, actrices) aimes-tu? Quel est ton programme préféré à la télévision? Qu'est-ce que tu aimes (détestes) faire? Pourquoi étudies-tu le français? etc.)

LES PRÉSENTATIONS

Maintenant chaque étudiant présentera l'autre membre de son groupe aux camarades de classe. Le professeur peut commencer en se présentant aux étudiants.

L'ESSENTIEL

CONSEILS À L'ÉTUDIANT

The vocabulary in *"l'Essentiel"* will usually be arranged in three columns: the left column consists of noun subjects, the middle column contains verbs, and the right column presents complements (noun objects and adjectives). The words and phrases have also been grouped by topics. With these groupings in mind, you should be able to construct sentences by reading from left to right as you study. In order to save you time, English translations of *"l'Essentiel"* are provided in identical format in *"Appendice B."* You can thus check the meanings of French words you don't know and use the English lists as self-tests.

As you look at *"l'Essentiel"* in this preliminary lesson, you will note the possibility of constructing such sentences as:

J'entre dans la cabine téléphonique.
J'entre dans la poste.
Je sors de la cabine après avoir téléphoné.
Quand je veux donner un coup de téléphone, je décroche le récepteur.
La standardiste m'aide à faire la communication.

The format of this section is designed to encourage your imagination and help you to formulate from the simplest to the most complex sentences.

A series of questions and exercises follows each vocabulary grouping of *"l'Essentiel"* and can serve as a guide for using the new expressions. Construct your own sentences both before and after doing the exercises.

UN COUP DE TÉLÉPHONE

une personne	entrer (dans) être (dans) sortir (de)	une cabine publique la cabine (téléphonique) la poste (les P. et T.[1])
	téléphoner donner	(à quelqu'un) un coup de téléphone, un coup de fil (à qqn)
un(e) correspondant(e)	mettre, introduire	la pièce, le jeton[2]
	entendre	la tonalité
	composer appeler rappeler se tromper (de)	le numéro
	entendre (sonner)	la sonnerie
	décrocher/raccrocher	le récepteur, l'écou- teur *(m.)*
	prendre/laisser	un message

l'opératrice *(f.)*, la
    téléphoniste, la stan-
    dardiste
	aider (à faire)
	établir
		la communication

VOCABULAIRE SUPPLÉMENTAIRE

un appel interurbain
un appel à longue distance (à l'étranger)
l'indicatif *(m.)* de zone
téléphoner en P.C.V.[3]
le central téléphonique, le standard
l'annuaire *(m.)*

---

[1]En France la plupart des gens se servent du téléphone publique dans un bar ou un café ou aux P. et T. (Postes et télécommunications).

[2]In France and other European countries, a special token rather than money can be used to make phone calls from pay telephones. These tokens can be purchased at the post office and in some cafés and hotels.

[3]P.C.V. = à *percevoir*: L'opératrice avisera votre correspondant que vous désirez communiquer avec lui à ses frais (*expense*); s'il accepte, il paiera la communication et la taxe (*charge*) "P.C.V.".

LE POSTE (L'APPAREIL) TÉLÉPHONIQUE

EXERCICES

I. Complétez les phrases avec des mots appropriés.

1. Pour donner un coup de téléphone quand on est dans la rue, on peut entrer dans _____ .
2. Avant de mettre le jeton dans la fente il faut _____ .
3. Si vous ne savez pas le numéro de téléphone, il faut le chercher dans _____ ou appeler _____ pour vous aider.
4. Après avoir composé le numéro, on entend _____ .
5. Si la ligne est occupée, on peut _____ plus tard.
6. Vous demandez à téléphoner en P.C.V. parce que vous voulez _____ .
7. Si l'on ne réussit pas à communiquer avec la personne qu'on cherche il est possible de _____ .
8. Le _____ d'un appel interurbain en France est moins cher qu'un appel à longue distance à l'étranger.
9. On téléphone au standard pour demander _____ .
10. Pour faire un coup de téléphone d'une cabine téléphonique, il faut _____ .

II. Vous êtes en France et quelqu'un a volé tout votre argent. Comment demandez-vous à l'opératrice de vous aider à téléphoner en P.C.V.: à vos parents qui sont a l'Hôtel de la Paix à Lyon (78) 68.75.91? à l'Hôtel de la Paix à Paris (1) 824.53.09?

Modèle: Je voudrais téléphoner en P.C.V. à Monsieur ou Madame _____
—le soixante-huit/ soixante-quinze/ quatre-vingt-onze à Lyon: indicatif soixante-dix-huit.
—le huit cent vingt-quatre / cinquante-trois / zéro neuf à Paris: indicatif un.

1. à vos parents qui sont chez les Martel à Bordeaux (56) 21.78.43
2. à votre petite amie qui est à l'Hôtel de la Gare à Montpellier (67) 54.23.56
3. à votre professeur de français qui est à Paris (1) 675.32.59
4. à votre copain (copine) à Nice (93) 19.87.41
5. à votre petit ami qui est à Reims (26) 63.98.16.

III. Si vous avez de la difficulté à téléphoner vous composez '0' (zéro) et demandez que la standardiste vous établisse la communication. On peut dire:

Le poste fonctionne mal.
J'ai obtenu un faux (mauvais) numéro.
La communication était mauvaise (interrompue).
Il y avait de la friture *(interference noise)* sur la ligne.
On nous a coupés.

Pouvez-vous imaginer d'autres problèmes?

IV. Imaginez: Le téléphone sonne chez vous. Quand vous décrochez le récepteur vous dites:

Allo *ou*
Oui *ou*
Qui est à l'appareil? *ou*
C'est de la part de qui?

Le correspondant répond:

C'est M. Cheftel à l'appareil. *ou*
C'est de la part de M. Cheftel.

Et puis demande:

Est-ce que M. Martel est là? *ou*
M. Martel, est-il là?

QUELQUES NUMEROS D'APPEL UTILES

POLICE	**17**

POMPIERS.....................................	**18 (1)**

(1) A défaut du numéro de la caserne intéressée.

Télégrammes téléphonés :

              France **14**
              Autres destinations : consulter l'annuaire.

Abonnés absents : se renseigner au	**13**
Réveil	**463 7111**
Renseignements postaux et télégraphiques	**280 6789**
Renseignements Chèques Postaux	**533 7400**

Ambulances de l'Assistance Publique....................	**887 2750**
Centre anti-poisons...................................	**205 6329**
Centre d'information R.A.T.P...........................	**346 1414**
Communications avec les navires	**19 ~ 3300**
Horloge parlante......................................	**463 8400**
Informations boursières...............................	**260 8400**
Informations météorologiques { Région Parisienne........	**555 9590**
{ Autres Régions	**555 9109**
Informations parlées.................................	**463 1**
Informations touristiques.............................	**720 1678**
Objets perdus..	**531 8210**
Renseignements administratifs........................	**567 5599**
{ ORLY **687 1234**	**587 5141**
Renseignements avions { LE BOURGET..................	**834 9390**
{ CHARLES DE GAULLE	**862 2280**
Renseignements douaniers	**280 1326**
Renseignements gaz et électricité....................	**387 5999**
Renseignements S.N.C.F.	**261 5050**
Service S.V.P...	**787 1111**
SOS Amitié..	**825 7050**
Transfusions d'urgence...............................	**307 4728**

Vous répondez:

C'est lui-même à l'appareil. *ou*
Ne quittez pas. Je vous le passe.

Imaginez que vous êtes la personne A de cette conversation. Qu'est-ce que vous
diriez?

(Entre deux hommes)
A:
B: C'est lui qui parle.
A:
B: Comment? Je n'entends pas. Qui est à l'appareil?
A:
B: Parlez plus haut, s'il vous plaît.
A:
B: Il y a trop de friture sur la ligne. Je n'entends rien.
A:
B: Comment? Tiens! On nous a coupés. Ce téléphone ne fonctionne jamais!

V. Avec l'aide d'un(e) camarade de classe, inventez votre propre conversation au
téléphone entre un(e) étudiant(e) américain(e) à Paris et (1) un Parisien (une
Parisienne); (2) un(e) étudiant(e) français(e); (3) une téléphoniste.

DÉCOURAGEZ LES MAUVAIS PLAISANTS[1]

Contre les sonneries du téléphone qui vous réveillent à des heures inconvenantes la nuit, contre les appels d'un mystérieux correspondant qui vous *agacent* par une voix anonyme, il y a quelque chose à faire: appelez le 567.35.07. Ce numéro est partie des services de *réclamation* à la *Direction* régionale des télécommunications. Vous pouvez aussi vous adresser à votre central téléphonique. En même temps, par lettre brève, *déposez une plainte* contre X ou contre une personne soupçonnée au *procureur* de la République. Le procureur ordonne alors une *enquête* dont les P. et T. se chargent. Votre ligne est très rapidement *branchée* sur *table d'écoute*. Ainsi les P. et T. localisent facilement d'où vient l'appel. Une brigade d'agents de police peut être envoyée pour *prendre sur le fait* les *coupables*. Puis la justice suit son cours, *amendes*, peines d'emprisonnement, etc., tout dépend du jugement. Un conseil: vous pouvez décourager votre correspondant en lui mentionnant que ses appels sont enregistrés. La peur met souvent fin à la persécution.

causent une irritation

protestation / bureau du directeur

se plaindre officiellement
magistrat / recherche
mise en communication / listening device

arrêter sur l'acte de téléphoner / fautifs, blâmables
somme d'argent à payer décidée par la loi

Extrait d'un article d' Elle

QUESTIONS

1. Qu'est-ce que c'est qu'un mauvais plaisant?
2. Que peut-on faire en France si l'on est agacé par un mauvais plaisant au téléphone?
3. Qu'est-ce qui arrive quand une ligne est branchée sur table d'écoute?
4. Quels moyens la police et la Direction emploient-ils pour prendre les mauvais plaisants?
5. Qu'est-ce qui arrive aux coupables?
6. Comment peut-on décourager un mystérieux correspondant?

[1]Mauvais plaisants = *crank (obscene) callers*

A VOUS LA PAROLE

1. Que feriez-vous si vous receviez un appel d'un mauvais plaisant?
2. Parmi les solutions pour résoudre le problème des mauvais plaisants, laquelle choisiriez-vous? Pourquoi?
3. Est-ce que la peur met souvent fin à la persécution? Expliquez votre réponse.

SUJETS DE DISCUSSIONS

1. Un mauvais plaisant est coupable d'un crime grave et doit être sévèrement puni. (pour ou contre)
2. Quel rôle le téléphone joue-t-il dans notre vie? Voudriez-vous le changer? Expliquez et défendez vos réponses.
3. Décrivez votre vie sans téléphone.

CHAPITRE 1
LA VIE SCOLAIRE

L'ESSENTIEL

un(e) élève (à l'école primaire ou au lycée	entrer (à)	l'école (f.)
un(e) étudiant(e) (à l'université)	s'inscrire (à)	le lycée[1]
	aller (à)	l'université (f.)[2]
	quitter	
	être renvoyé(e) de	
	suivre	un cours
	aller (à)	un cours magistral
	assister (à)	
	sécher	
	redoubler	
	écouter	une conférence
		un(e) conférencier (-ière)
	prendre	des notes (f. pl.)
	écrire	une dissertation
	faire	un exposé
	habiter, demeurer (dans), loger (dans)	le dortoir
		la résidence universitaire
	prendre	une chambre chez un particulier en ville
		les repas (m. pl.) au resto U[1]

---

[1]Le lycée est un établissement français. **Le bachelier (la bachelière)** est l'élève qui a terminé le lycée et a reçu son **baccalauréat** (*fam.:* **le bachot** ou **le bac**)—le diplôme de fin d'études du lycée, équivalent à une ou deux années de l'université américaine.

[2]Les niveaux de l'enseignement français sont: **le primaire** (l'école maternelle de deux à cinq ans et l'école primaire de six à onze ans); **le secondaire** (le C.E.S.—collège d'enseignement secondaire de onze à quatorze ans, le C.E.T.—collège d'enseignement technique de quatorze à dix-sept ans, le lycée de quinze à dix-huit ans) et **le supérieur** (l'université).

[1]restaurant universitaire où l'on peut prendre des repas à des prix réduits

un(e) étudiant(e) (à l'université)	payer	les frais *(m. pl.)* de logement de nourriture d'inscription
	faire	une demande de bourse
	gagner	une bourse
	être	boursier(-ière)

VOCABULAIRE SUPPLÉMENTAIRE

la rentrée   le programme des cours   l'horaire *(m.)* des cours

---

LISTE DES COURS

SCIENCES HUMAINES *(f. pl.)*

le français
les langues étrangères *(f. pl.)*—modernes: l'anglais, l'allemand, le russe
  etc.; classiques: le grec, le latin
la littérature
l'histoire *(f.)*
la géographie
la philosophie

SCIENCES *(f. pl.)*

les mathématiques *(f. pl.)*, les maths *(fam.)*—l'algèbre *(f.)*, la géometrie, la
  trigonométrie, les maths modernes (le calcul)
les sciences naturelles *(f. pl.)*—la biologie, la zoologie, la géologie, la
  botanique, la cosmographie, la physique, la chimie
la technologie[1]
les sciences économiques *(f. pl.)*

ARTS *(m. pl.)*

le dessin, la peinture, *(m. pl.)* **la musique**
les travaux manuels artistiques—la poterie, la sculpture

GYMNASTIQUE *(f.)*, **EDUCATION PHYSIQUE** *(f.)*

[1]études des fonctionnements des appareils: informatique (ordinateurs), l'électricité, l'électronique, etc.

I. En employant le vocabulaire de l'Essentiel, citez ce que les bons étudiants ont tendance à faire. Vous pouvez employez les expressions suivantes comme point de départ: écouter attentivement un conférencier, prendre de bonnes notes en écoutant une conférence, ne pas sécher souvent les cours magistraux, écrire soigneusement une dissertation, etc.

Exemple: Les bons étudiants écoutent attentivement un conférencier.

II. Maintenant décrivez les mauvais étudiants. Vous pouvez commencer chaque phrase par les mots *Les mauvais étudiants refusent de. . .*

Exemple: Les mauvais étudiants refusent d'écouter attentivement un conférencier.

III. Complétez les phrases suivantes.

1. Pour obtenir de bonnes notes il faut _____ .
2. Pour réussir à devenir médecin il faut suivre des cours comme _____ .
3. Parmi les sciences humaines il y a _____ .
4. A cette université la rentrée a lieu _____ .
5. Habiter chez un particulier veut dire _____ .

IV. Demandez à un(e) autre étudiant(e):

1. ce qu'il (elle) a fait pour se loger à l'université
2. quand il (elle) est entré(e) à l'université
3. s'il (si elle) sèche souvent ses cours
4. où il (elle) prend ses repas d'habitude
5. où la majorité des étudiants préfère loger
6. quel diplôme il (elle) prépare et quand il (elle) compte l'obtenir

un(e) candidat(e)	commencer achever terminer (bien/mal)	les études *(f. pl.)*
	être	fort(e) en langues faible, mauvais(e) en histoire
	étudier (pour) réviser (pour) se présenter (à) passer réussir (à) être reçu(e) (à) échouer (à) rater *(fam.)* être collé(e) (à) *(fam.)* tricher (à)	l'examen *(m.)*[1] l'épreuve *(f.)* le contrôle continu
	recevoir, obtenir subir	des notes[2] *(f. pl.)* l'échec *(m.)*

un professeur (dans le
  secondaire et le
  supérieur)
	exiger	les travaux pratiques
		  (m. pl.)
		les travaux dirigés
		  (m. pl.)

	corriger donner	l'examen la note le résultat

VOCABULAIRE SUPPLÉMENTAIRE

la faculté[3] le doyen, la doyenne le conseiller, la conseillère	les matières (obligatoires) à option à choix libre	le cycle de formation

[1] **l'examen terminal** (l'étudiant est jugé sur un seul examen de fin d'année qui comprend toutes ses études); **le concours** (examen compétitif permettant de classer les candidats à une place, à un prix, à l'admission à une grande école, etc.)

[2] En France les notes sont basées sur les chiffres 1 à 20: 17–20 = mention très bien; 14–16 = mention bien; 12–13 = mention assez bien; 8–11 = mention passable.

[3] En français le mot **faculté** veut dire soit l'établissement, soit l'ensemble des professeurs.

Divisions d'une université française

Ecole de Droit et Sciences économiques
Ecole de Médecine
Ecole de Pharmacie
Ecole Dentaire
Ecole de Sciences naturelles
Ecole de Lettres et Arts
Ecole des Beaux Arts
Conservatoire de Musique

La Pédagogie
La Sociologie et Sciences politiques
Les Sciences sociales
Institut Universitaire de Technologie (I.U.T.)

I. Micro-conversation

A. Chantal **a été collée à son épreuve?** Pas possible!
B. Mais si, elle *a été collée*.
C. Pourquoi? Elle n'a pas **étudié?**
D. C'est ça. Elle n'a jamais aimé *étudier*.

Substitutions pour
a été collée à son épreuve

1. a perdu sa bourse
2. a reçu de mauvaises notes
3. a quitté l'université
4. a été renvoyée de l'université

Substitutions pour
étudié

1. fait un effort
2. écouté les conférences
3. passé les examens
4. assisté aux cours

II. En employant les expressions données comme point de départ, faites votre portrait d'un bon professeur et d'un mauvais professeur: **expliquer la matière; consulter un conseiller; diriger les travaux pratiques; exiger des dissertations; corriger les examens; donner les résultats.**

III. Complétez les phrases suivantes.

1. *Cours à choix libre* veut dire _____ .
2. Un étudiant redouble un cours parce que _____ .
3. Aux Etats-Unis on peut obtenir un diplôme après _____ .
4. Une université française est divisée en plusieurs _____ .
5. Les conseillers à une université américaine aident les étudiants à _____ .

EXERCICES

I.

1. Quelle sorte d'élève étiez-vous à l'école secondaire? Et maintenant, quelle sorte d'étudiant(e) êtes-vous? Avez-vous beaucoup changé? Comment? Comparez vos réponses avec celles des autres étudiants.
2. En France l'inscription (année scolaire) coûte 100 francs,[1] la chambre à une résidence universitaire coûte 200 francs par mois et un repas au resto U coûte 4 francs. Comparez les frais d'un étudiant à une université américaine et d'un étudiant à une université française. Quel système préférez-vous?

[1] prix de l'année scolaire 1979–80; un franc = 20¢–25¢

3. Décrivez l'étudiant le plus typique de votre université. Est-ce que vous ressemblez à l'étudiant typique?

4. Décrivez le professeur le plus typique de votre université. Comparez votre description avec celle de vos camarades de classe.

5. Demandez à un(e) camarade de classe quelles matières il (elle) étudie en ce moment, combien d'heures de conférence et de laboratoires il (elle) a par semaine et pourquoi il (elle) a choisi ce programme.

6. Demandez à un(e) étudiant(e) ses opinions sur les examens et les cours magistraux.

7. Discutez les avantages et les désavantages d'habiter à une résidence universitaire.

8. Vous ne pouvez pas décider de votre cycle de formation. Demandez des conseils aux autres étudiants.

9. Essayez de persuader quelqu'un de suivre un cours d'un professeur que vous estimez beaucoup.

II. Imaginez

Un professeur étourdi

A: Dis donc, tu connais le professeur Bretel? Il paraît que c'est un prof très étourdi. Est-ce vrai?

B:

A: Qu'est-ce qui est arrivé chez lui hier soir?

B:

A: Que dis-tu? Il ne connaît même pas sa propre maison?

B:

Une explosion scientifique

A: Est-ce que tu sais ce qui est arrivé hier au cours de chimie?

B:

A: Je n'ai pas réussi à y assister mais j'ai entendu dire qu'il y a eu une explosion. Est-ce vrai?

B:

A: Ah, c'est bien intéressant, continue. . . Vas-y, vas-y. . .

B:

A: Mon dieu! Qu'est-ce qui nous reste de ce pauvre type?

B:

III. Regardez le plan de l'université de Montpellier III (Paul Valéry) et répondez aux questions.

Bâtiment administration.

— Services administratifs
— Secrétariat U.E.R. 1-2-3-4-7-8
— Agence comptable
— Etudiants étrangers

Bâtiment B - C

— Bureaux des professeurs
— Secrétariat U.E.R. 5-6-10-11
— Bureau des sports

Conciergerie

Bureau de l'assistante sociale

Bâtiment 2 et 3

Sièges associations étudiants

Bâtiment 4

Infirmerie

Bâtiment 6

Cellule Information
et Orientation

UNIVERSITE PAUL VALERY

Restaurant Universitaire Vert Bois
Bibliothèque Universitaire
Bât. Administratif
Bât. des Licences (C)
Amphi D. E. F.
Bât. des professeurs (B)
Cafétéria
Parking étudiants
Archéologie et Musée des Moulages
Service Courrier
Assistante Sociale
Conciergerie
Imprimerie de Recherche
Duplication-Photo
Cellule Information (6)
Services Généraux Techniques
Bât. 1er cycle (A)
Amphi A. B. C.
Zoogéographie (4)
(8)
(5)
Infirmerie
(1) (2) (3) (7)
Entrée des fournisseurs
ROUTE DE MENDE
AVENUE DU VAL DE MONTFERRAND

1. Comment va-t-on du bâtiment des professeurs à l'Amphi A? A l'infirmerie? Au parking étudiants? Au resto U Vert Bois? A la bibliothèque?
2. Dans quel bâtiment se trouvent les services administratifs? La caféteria? Le bureau pour les étudiants étrangers?

IV. Décrivez quels sentiments vous éprouvez dans les situations suivantes. (Consultez l'Appendice A à la page 165.)

1. vous séchez un cours
2. vous avez trois examens à passer le même jour
3. vous venez de manger au resto U
4. vous abandonnez un cours difficile (facile)
5. vous passez un examen difficile (facile)
6. vous ne réussissez pas à exprimer votre opinion dans un cours
7. vous vous disputez avec un professeur (avec un autre étudiant)
8. vous discutez d'une mauvaise note avec votre professeur

DES HOMMES À L'ÉCOLE

Christian X. est «la maîtresse» de trente-trois petits de quatre ans. C'est un des *téméraires* qui ont osé: il a choisi un métier de femme. «Dès la classe de première je voulais être instituteur d'*école maternelle*. En 1973, je suis allé à un bureau pour *déposer* ma demande de poste à l'école maternelle. Il y avait là deux secrétaires stupéfaites—une pour l'école primaire, l'autre pour la maternelle. «Non, vous ne pouvez pas avoir un poste en maternelle», me répétait l'une d'elles. J'ai insisté, elle a fini par enregistrer ma demande de poste et, peu après, je recevais ma *nomination* au nom d'Eve Christian. Symptomatique, non?» demande-t-il en riant. Christian a vingt-trois ans et, déjà, c'est sa quatrième année d'*exercice*. Il est l'un des 152 hommes en France (sur plus de 60 000 femmes) que l'on regarde plus curieusement encore que les femmes fragiles *au volant* des bus parisiens parce qu'ils ont choisi de s'occuper de tout-petits.

«J'aime beaucoup les enfants, mais je refuse absolument d'en avoir, dit Christian. Je ne veux pas prendre la responsabilité de mettre des enfants au monde. Je préfère aider les enfants des autres à vivre.

«J'aime les petits parce qu'ils découvrent tout: la couleur, la peinture, le monde extérieur. Ils prennent conscience de leur corps. On voit leur progrès dans tous les domaines. J'essaie de leur faire accepter l'école en général comme une partie, un fragment, et non comme l'essentiel de leur vie. Je voudrais aussi leur faire réaliser les possibilités qu'ils ont *en tant qu'*être humain, pas seulement en tant qu'enfant.»

Françoise Dolto, la plus célèbre psychiatre pour enfants, est pour la *mixité* dans l'école maternelle: «Une institutrice est *de toute façon* «paternelle». Le rôle de l'institutrice est souvent empreint d'autorité; on se demande à quoi *ça sert*. Non seulement c'est un faux problème, mais surtout cela *fausse* l'image sociale de l'institutrice. Un homme représente le «social», mais il ne faut pas que ce soit un homme «maternant». Et puis il y a toujours une ou deux dames de service qui aident l'instituteur et jouent un rôle complémentaire. Par ailleurs on peut espérer que les pères, s'ils voient un maître à l'école maternelle, viendront peut-être plus souvent, s'y intéresseront *davantage*.»

Madame la directrice est très satisfaite de la présence d'un homme dans son école: «Lorsqu'un homme arrive à l'école maternelle, on est sûr qu'il a vraiment choisi ce poste, qu'il fera donc son métier avec goût et passion. Les enfants le sentent bien. Et lorsque Christian caresse une tête avec *douceur*, je n'y vois pas là un geste maternel ou féminin, mais simplement un geste d'amour.»

Extrait d'un article d' Elle *par Judith Radiguet*

Glossaire (marge)

audacieux
preschool
remettre

notification d'emploi

pratique de sa profession

conduisant (fig.)

en qualité de
mélange des filles et des garçons
en tout cas
cela est bon
déforme

plus

gentillesse

QUESTIONS

1. Pourquoi Christian a-t-il choisi le métier d'instituteur à l'école maternelle?
2. Quelles sont les difficultés qu'il a rencontrées à cause de son choix? Pouvez-vous en imaginer d'autres?
3. Que veut dire la phrase «Une institutrice est de toute façon paternelle»?
4. Comment est-ce qu'on peut intéresser les pères à l'école maternelle?
5. Quelles sont les différences entre l'instituteur et l'institutrice selon la directrice de l'école maternelle?

A VOUS LA PAROLE

1. Voudriez-vous être élève de Christian? Pourquoi?
2. Les hommes à l'école, doivent-ils (ou peuvent-ils) être maternels? Présentez vos idées aux autres étudiants.
3. Essayez de persuader Christian X. d'avoir des enfants. Choisissez un autre étudiant pour jouer le rôle de Christian.
4. Avec un(e) camarade de classe, imaginez la conversation entre:
   a. Christian X. et la secrétaire au bureau où il a déposé sa demande de poste
   b. la directrice de l'école où enseigne Christian X. et le père d'une de ses élèves (le père n'est pas content d'avoir un maître à l'école maternelle)

La Génération compliquée

Une lettre:

Mon mari et moi, nous sommes en ce moment en discussion avec notre fille de vingt ans qui, étant jusque-là étudiante sans *but* précis, *se cabre* quand nous lui parlons de chercher du travail. Je crois qu'elle n'est pas seule dans ce cas. Un bon nombre d'étudiants *redoute* de *franchir le cap* et plus ils avancent en âge, plus cela leur semble difficile. Il est impossible de discuter, elle *se braque* et cela tournerait au drame. Peut-être quelques personnes donneront-elles leur opinion sur ce point de vue que, personnellement, je ne sais pas bien analyser: angoisse, *paresse,*

objectif /se révolte

ont peur/traverser une étape
se révolte, est hostile

indolence, apathie

indépendance. Cependant, ce manque de sécurité qu'impose le travail temporaire pour payer la chambre et les cours me paraît autrement plus angoissant. Et l'indépendance ne serait-elle pas plus grande si, *percevant* un salaire régulier, il n'y avait rien à demander à personne?

recevant

Une mère *effrayée*

terrifiée, découragée

Et la réponse:

Dans une semaine, j'aurai vingt et un ans et je suis dans le cas de la fille de cette dame. Est-ce par paresse qu'on refuse le travail régulier? Non. Il ne me semble pas que nous laissions passer le temps sans rien faire. Au contraire, nous cherchons activement une vie plus *attrayante* que métro-boulot-dodo[1]. Est-ce par angoisse? Je crois, en effet, que cette sécurité qu'on nous propose est angoissante, *étouffante*. Les parents ont trop tendance à construire l'avenir de leurs enfants. Mais se rendent-ils compte que leurs rêves sont aussi et même plus utopiques que les nôtres?

agréable

oppressive

    Ce travail avec salaire régulier où le trouve-t-on? On va à l'université, on *ressort* avec un beau diplôme, mais l'emploi n'existe pas. Pourquoi donc ne pas nous laisser vivre *au jour le jour*? Quand on est libre et qu'on peut le rester, pourquoi ne pas en profiter?

sort tout de suite ou de nouveau

sans savoir ce qui passera demain

    Vingt ans est un âge merveilleux. On sort du malaise de l'adolescence, on a acquis une certaine personnalité et assurance, mais on n'est pas encore un adulte. N'est-ce pas plus merveilleux d'aller à l'université, de découvrir le monde dans les livres et les voyages au lieu de travailler huit heures par jour pendant cinq jours par semaine et avoir un mois de vacances par an? Rien ne nous retient—pas de mari, pas d'enfant. On trouve le petit boulot qui nous fait vivre. Les finances sont parfois difficiles, mais l'esprit est là, toujours vaillant et entouré de nombreux amis. Nous sommes bien conscients que ce paradis ne sera qu'éphémère; nous perdrons nos illusions bien assez tôt. Mais, s'il vous plaît, ne nous faites pas croire qu'à vingt ans, la fleur est déjà *fanée*.

vieillie, passée (*fig.*)

Tiche

Extrait d' Elle

QUESTIONS

1. Quelle est la plainte de cette mère?
2. Quel est le cap qu'on veut que sa fille franchisse?
3. Pourquoi écrit-elle cette lettre?
4. Comment décririez-vous les relations entre la fille en question et ses parents?
5. Quelle est la réaction de Tiche à la vie proposée par la mère?
6. Décrivez la vie à vingt ans comme Tiche l'a proposée.

[1]référence à la vie de tous les jours des gens qui prennent le métro pour aller à leur travail (**boulot**) et rentrent le soir et s'endorment (**faire dodo** [*fam.*])

A VOUS LA PAROLE

1. Est-ce que vous vous disputez jamais avec vos parents? Sur quels sujets?
2. Est-ce que vous êtes d'accord avec Tiche ou avec la mère? Expliquez votre réponse.
3. A quel âge devient-on adulte? Doit-on perdre ses illusions?
4. Décrivez quelle sorte de vie vous voudriez vivre à ce moment (dans cinq ans, dans dix ans, dans trente ans).
5. Divisez les étudiants en deux groupes:
   a. les adultes (les mères, les pères, les professeurs), qui vont critiquer votre génération, et
   b. les jeunes (les filles, les garçons, les étudiants), qui vont répondre à ces critiques.
6. Ecrivez vous-même une réponse à «Une mère effrayée», et comparez-la à celles de vos camarades de classe.

PROFESSION: ETUdIANT

Il est neuf heures. Les portes du Centre d'information et documentation jeunesse (C.I.D.J.) s'ouvrent. Une cinquantaine de jeunes se précipitent autour de la colonne où sont *affichées* les offres d'emplois du jour. Ils *se bousculent:* seuls les premiers à se présenter trouveront du travail. appliquées sur le mur/poussent

Alain et ses amis, Christine et Dominique, ont le même âge. Ils sont tous les trois étudiants. Tous les trois cherchent du travail. Les uns pour leur permettre de finir leurs études, le dernier pour vivre.

Chaque matin ils font le *tour:* journaux, C.I.D.J., agence pour l'emploi. Les petites annonces, ils ont appris à les lire: «Elles sont *libellées* de façon *attrayante,* explique Alain, mais quand on se présente, l'emploi correspond rarement à ce qui était indiqué. Maintenant je sais que lorsqu'on demande un jeune homme dynamique et sérieux, salaire intéressant, ce n'est pas la peine de *se déplacer:* il s'agit de *démarche* pour des compagnies d'assurances.» circuit
formulées / plaisante

aller voir
sollicitation

Christine a essayé de garder les enfants. «Je me suis placée comme jeune fille *au pair* dans une famille de trois enfants, raconte-t-elle. J'étais nourrie, logée et on devait me donner cent francs par semaine. En fait, je n'avais pas le droit d'aller à la cuisine, je devais être là huit heures par jour, les enfants pleuraient toute la nuit et je n'ai jamais reçu plus de vingt francs par semaine. Au bout d'un mois, j'ai *abandonné.»* travailler pour la nourriture
   et le logement

laissé tomber

Trouver un emploi pour un jeune étudiant, ce n'est pas facile. Pourtant Alain, Christine et Dominique ne désespèrent pas, ils sont même optimistes: *«En fin de compte on s'en sort,* affirment-ils gaiement. Beaucoup mieux que des étrangers qui ne trouvent rien. Nos parents sont industriels, hôteliers et commerçants, alors pour nous il n'est pas question de bourse, ni de logement d'étudiant. Mais on arrive bien à gagner huit cent francs par mois et, avec cela, on peut *joindre les deux bouts:* on partage un petit *deux pièces* dans le *vingtième;* les repas sont pris au resto U, on ne sort jamais et quand pour un week-end on a trouvé un bon travail, on se paie quelque chose.» tout bien considéré
s'en tire, on s'arrange (fam.)

make ends meet
appartement / 20^{ème}arrondissement
   de Paris

Extrait d'un article de Le Figaro *par Nadège Forestier*

QUESTIONS

1. Pourquoi les trois étudiants cherchent-ils des emplois?
2. Que font-ils pour trouver des emplois?
3. Expliquez que veut dire l'expression *au pair*.
4. Décrivez ce qui est arrivé à Christine quand elle a essayé d'être au pair.
5. Pourquoi est-ce que les trois étudiants n'ont pas vraiment besoin de travailler?
6. Quelle est la signification de la phrase «on se paie quelque chose»?

A VOUS LA PAROLE

1. Que feriez-vous pour trouver un poste à mi-temps?
2. Racontez une expérience amusante (bizarre) que vous avez eue en cherchant du travail.
3. Décrivez l'emploi le plus ennuyeux (intéressant, étrange) que vous avez jamais eu.
4. Avec un(e) camarade de classe, imaginez la conversation entre Christine et la mère le jour même où Christine a quitté son emploi.

Des Trucs pour avant l'examen

Pendant la période des examens et des concours la tension monte, *l'énervement* gagne, l'angoisse augmente. Voici quelques petits *trucs apaisants*.

irritation

choses à faire *(fam.)*/calmants

Les jours précédant l'épreuve

1. Ne pas réviser le soir tard, s'y mettre le matin de bonne heure. La mémorisation est plus rapide et plus solide.

2. Ne pas avoir peur de faire de l'exercice physique. C'est un excellent moyen de faire tomber la tension nerveuse.
3. Prendre des repas équilibrés à des heures régulières.

Le jour de l'examen

4. Prendre un petit déjeuner le plus complet possible (jambon, oeuf ou fromage, café, thé, *tartines,* etc.), mais ne pas se forcer.   **tranches de pain recouvertes de miel, de beurre, / manger**
5. Si l'on ne peut rien *avaler,* mettre dans sa poche quelques morceaux de sucre.
6. Se faire conduire sur les lieux de l'examen pour éviter l'angoisse du retard et la fatigue du *trajet*.   **voyage**

Pour certains concours, les épreuves se déroulent pendant plusieurs jours et l'intervalle entre l'écrit et l'oral est parfois de plusieurs semaines. L'ambiance chez soi doit être *détendue*.   **calme**

Enfin une recommandation importante: les parents et les amis doivent surtout éviter de poser un *flot* de questions sur la façon dont «ça se passe?»   **une grande quantité** (*fig.*)

Extrait d'un article d' Elle

QUESTIONS

1. Comment sont les étudiants pendant la période des examens?
2. Qu'est-ce qu'on doit faire les jours précédant l'épreuve? et le jour de l'examen?
3. Qu'est-ce qu'il ne faut pas faire pendant la période des examens?
4. Pourquoi est-il important de ne pas poser des questions du genre «ça se passe?»

A VOUS LA PAROLE

1. Que faites-vous avant un examen pour vous préparer? Les jours précédants? Le jour de l'examen?
2. Quels sont vos conseils aux gens qui vont passer un concours?
3. Que pensez-vous de ces trucs?

LA CULTURE EN QUESTION

Le gouvernement voudrait aider les étudiants en lettres et en sciences à trouver des *débouchés*. Dans ce *but*, il les *engage* et il engage les universités à donner un *tour* plus pratique, plus *efficace,* à leurs études. Pourquoi, par exemple, ceux qui sont *épris de* «la langue de Shakespeare» ne feraient-ils pas un petit peu de droit commercial, ce qui rendrait leur anglais plus *rentable?*

> carrières accessibles/objectif / incite, y faire participer/aspect/utile, productif
> passionnés pour
> payant, qui procure un revenu

Certes, il est important pour les étudiants en lettres et en sciences de pouvoir vivre décemment de leurs diplômes. Mais on aurait dû se demander d'abord pourquoi, malgré l'insuffisance de débouchés, tant d'entre eux persistent à vouloir faire des études littéraires ou scientifiques. Tout simplement parce qu'ils en ont le goût. Et ne nous perdons pas ici en considérations subtiles sur ce que c'est que la culture! C'est, au fond, quelque chose de très simple: tout ce qui permet à un homme ou à une femme de s'accomplir dans la ligne qu'il a choisie, dans sa vocation, en somme.

Tous les jeunes gens et toutes les jeunes filles qui s'inscrivent en lettres ou en sciences n'ont pas nécessairement la vocation de participer à la *fabrication en série* d'objets plus ou moins utiles ou de les faire acheter par les *consommateurs*. Vous *aurez beau leur dire* qu'avec un peu de droit commercial ou de marketing, ils trouveraient facilement des *places* intéressantes; ça ne les intéresse pas. Et c'est leur droit!

> assembly-line manufacturing
> personnes qui achètent des produits
> vous leur direz sans succès
> emplois

En vérité, il s'agit de savoir si l'on veut ou non faire dans ce pays une réalité du droit à la culture. Pourquoi *détourner* ceux qui désirent se cultiver de le faire sous prétexte qu'on n'a pas d'emplois pour eux? Ces emplois seraient presque tous dans l'enseignement; il n'y a qu'à les créer. Tout cela coûtera beaucoup d'argent, dira-t-on. Il est vrai, mais pas plus et sans doute beaucoup moins que le *suréquipement* industriel dont la France croit devoir *se doter*.

> dissuader

> trop d'installations / se procurer

La culture est considérée comme un luxe qui n'est pas fait pour les pauvres, pour ceux qui n'ont pas de quoi le payer. Qu'ils fabriquent donc des montres ou des chaussures invendables!

Ce qu'il faut espérer, c'est un *sursaut* de la nation elle-même, dont le prestige mondial est fait de culture en sens le plus large du terme, mais qui est en train de laisser ruiner chez elle par faux réalisme ce qui fut, ce qui est encore, sa plus authentique grandeur.

> réaction

Extrait d'un article de Le Monde *par Jacques Madaule*

QUESTIONS

1. Pourquoi le gouvernement s'intéresse-t-il aux affaires des universités?
2. Selon l'auteur, qu'est-ce que la culture?
3. Selon l'auteur, quel est le droit des étudiants en ce qui concerne leurs études?
4. A quoi l'auteur compare-t-il la rentabilité de la culture?
5. En quoi consiste le prestige mondial de la France? Expliquez-le.

A VOUS LA PAROLE

1. Pourquoi voulez-vous (ou voudriez-vous) faire des études littéraires? ou scientifiques?

2. A votre avis, qu'est-ce que la culture? Comparez votre réponse avec celles de vos camarades de classe.
3. Selon vous, quel est le droit des étudiants en ce qui concerne leurs études?
4. Croyez-vous que l'université soit faite pour procurer des emplois? Expliquez votre réponse avec des exemples très précis.
5. Qu'est-ce que vous reprochez au système universitaire américain (ou au système de votre université)?
6. Avec un(e) camarade de classe, imaginez la conversation entre un(e) étudiant(e) qui croit qu'il faut annuler les études qui ne sont pas rentables et un doyen qui n'est pas du tout du même avis.
7. En quoi consiste le prestige mondial des Etats-Unis?

SUJETS DE DISCUSSIONS

(pour ou contre)

1. L'arrivée des hommes en maternelle répond à l'évolution du rôle du père dans la famille et aussi des besoins de l'enfant.
2. Les parents et les enfants ne se comprendront jamais—le fossé des générations existe toujours.
3. Si les parents paient la vie d'un(e) étudiant(e), il faut que l'étudiant(e) fasse ce que les parents veulent.
4. Les étudiants d'aujourd'hui sont plutôt optimistes que pessimistes.
5. Ce qui n'est pas efficace ne vaut pas la peine d'être étudié. Il faut annuler les études qui ne sont pas rentables.
6. L'université fabrique des chômeurs.[1]
7. La culture est un luxe.

[1]gens qui manquent de travail

CHAPITRE

2

La Vie familiale

L'ESSENTIEL

LES AMIS

un jeune homme	rencontrer (par hasard)	une jeune fille
un garçon	faire la connaissance (de)	une fille
	avoir rendez-vous (avec)	
	sortir (avec)	
un célibataire	flirter (avec)	une célibataire
	courir (après)	
	tomber amoureux (de)	

LES AMOUREUX

un petit ami	s'entendre (avec)	une petite amie	
	tenir (à)		
	aimer		
les amoureux *(m. pl.)*	s'embrasser		
	s'aimer		
	se disputer		
	se réconcilier		
	se fiancer		
	offrir	une bague de fiançailles	
	annoncer	les fiançailles *(f. pl.)*	
	rompre		
	fixer	la date du mariage	

LE MARIAGE

le fiancé	se marier (avec)	la fiancée
	épouser	
le maire	célébrer	le mariage
		civil (à la mairie)
le prêtre, le pasteur		religieux
		(à l'église [f.])
		la cérémonie
les invités	assister (à)	les noces *(m. pl.)*
	féliciter	les nouveaux mariés *(m. pl.)*

Fiançailles

— M. et Mme Bernard **Pupat** sont heureux de faire part des fiançailles de leur fille, **Anne-Marie**, avec **Hervé Biebuyck**.
15, rue Ségéral-Verninac, 19100 Brive.

Fiançailles

— On nous prie d'annoncer les fiançailles de
Catherine Bolton, fille de Guy R. Bolton, décédé, et de Mme, née Françoise Rostaine, avec
Jean-Gabriel Domange, fils de Jean Domange, décédé, et de Mme, née Jacqueline Chomel de Jarnieu.

Mariages

— Le vicomte et la vicomtesse **Max de Beaucorps**, M. et Mme Paul **Durand**, sont heureux d'annoncer que leurs enfants
Geneviève et Jean-Paul se sont donné le sacrement de mariage, le 19 novembre 1977, en l'église Saint-Thomas de Tourcoing.

Madame Desson
Madame Courthéoux
Monsieur et Madame Desson
ont l'honneur de vous faire part du mariage de leur petite-fille
et fille, Nadine, avec Monsieur Claude Kieffer.

Madame Leyder
Madame Kieffer
ont l'honneur de vous faire part du mariage de leur petit-fils
et fils, Claude, avec Mademoiselle Nadine Desson.

Le Mariage a été célébré le Samedi 20 Juin 1970, à Paris

11, Rue Mathelin-Rodier - 44 Nantes

27, Rue Paul-Jehl - 67 Molsheim

I. Complétez les phrases suivantes:

1. Un mariage civil a lieu _____ .
2. La personne qui célèbre la cérémonie religieuse est _____ .
3. Un célibataire _____ une fille qui l'intéresse.
4. Pour se marier il faut _____ .
5. Quand un homme veut se marier avec sa petite amie, il lui offre _____ .
6. Après une dispute, un couple fiancé peut _____ les fiançailles ou se _____ .
7. Un mariage _____ a lieu à l'église.
8. Un couple se marie parce que _____ .

II. Posez des questions (en substituant le(s) mot(s) en italique par un interrogatif) pour qu'un(e) autre étudiant(e) y réponde.

Exemple: J'ai *19 ans*. Q: Quel âge as-tu?
R: J'ai vingt ans.

1. Je viens de faire la connaissance d'*une très belle fille*.
2. *Mon meilleur ami* s'est fiancé hier soir.
3. Il va se marier avec *Marie Martin*.
4. Marie et Louis ont fixé *la date de leur mariage*.
5. Le mariage a été célébré *le 3 octobre*.
6. Ils ont assisté *aux noces*.
7. Tous les amis ont félicité *les nouveaux mariés*.

III. Il y a six mois que Paul-Jean Dupont a rencontré Janine Borie. Hier ils ont fixé la date de leur mariage. En employant le vocabulaire de l'Essentiel, racontez l'histoire de leur amour.

LE MÉNAGE

les jeunes mariés *(m. pl.)*	s'installer (dans) meubler entretenir	un appartement
	fonder	un foyer

LA VIE DOMESTIQUE

le couple	vivre	en harmonie
l'époux, le mari l'épouse, la femme	s'entendre bien/mal (avec) se sentir frustré(e) se disputer	

LE DIVORCE

le mari, la femme	demander	le divorce
	effectuer	le partage
	divorcer[1]	
un(e) divorcé(e)	payer	la pension alimentaire
	avoir	la garde des enfants

I. Complétez les phrases suivantes :

1. Les jeunes mariés _____ dans leur propre appartement.
2. Un mari se séparerait de sa femme parce que _____ .
3. Pour un couple qui est en train de divorcer il est parfois difficile d'effectuer _____ et _____ .
4. C'est presque toujours _____ qui a la garde des enfants.
5. Pour divorcer il faut _____ .
6. Dans un mariage un homme (une femme) se sent frustré(e) quand _____ .

II. L'histoire de Paul-Jean Dupont et Janine Borie continue. Ça fait dix ans qu'ils sont mariés, mais hier ils ont décidé de divorcer. En employant le vocabulaire de l'Essentiel, racontez comment s'est passée la rupture de leur mariage.

LA NAISSANCE

la femme, la mère	être enceinte	un bébé, un enfant
	attendre	
	accoucher	
	mettre (en nourrice)	le bébé
	allaiter	
le bébé, l'enfant	naître (être né(e))	
les parents (m. pl.)	élever (bien/mal)	l'enfant (m., f.)
	choyer	le/la gosse (fam.)
	gâter	
	gronder	
	punir	
un fils, une fille	ressembler (à)	le père, la mère
	obéir (à)	les parents
	désobéir (à)	libéraux
		compréhensifs
		sévères
		vieux jeu (invar.)
	grandir	
	se révolter	

LA MORT

une personne	vieillir	
	mourir (jeune)	
le veuf, la veuve	être	en deuil
		accablé(e) par la douleur
l'orphelin(e)	assister (à)	les funérailles (f. pl.)
		l'enterrement (m.)
	hériter	des biens (m. pl.)
		de la fortune

Décès

— On nous prie d'annoncer le décès du
docteur Charles AUGUSTE,
professeur honoraire à la faculté de médecine,
chevalier de la Légion d'honneur,
croix de guerre 1914-1918,
époux de dame Suzanne Druon,
survenu pieusement à La Madeleine-lez-Lille, le 19 novembre 1977, dans sa quatre-vingt-troisième année.
Les funérailles religieuses en l'église Notre-Dame-de-Lourdes à La Madeleine, suivies de l'inhumation au cimetière de l'Est, à Lille, dans le caveau de famille, se sont déroulées dans la plus stricte intimité.
Il ne sera pas envoyé de faire-part, le présent avis en tenant lieu.
258, avenue de la République, 59110 La Madeleine.

[1]Cette femme **a divorcé** il y a trois ans. Elle **est divorcée avec** son mari. M. Level **a divorcé d'avec** sa seconde femme.

I. Contredisez les phrases suivantes selon le modèle.

Modèle: Vous êtes marié(e) depuis quatre mois.
Bien sûr que non! Je ne suis pas marié(e) du tout!

1. Tu es enceinte de cinq mois.
2. Tu attends un enfant.
3. Les mères punissent toujours les petits bébés.
4. La gosse ressemble à son père.
5. Il est possible de toujours rester jeune.
6. Il est nécessaire de mourir jeune.
7. Tu t'es révolté(e) contre tes parents.
8. Tu vieillis trop vite.

II. Que dites-vous dans les situations suivantes? (Consultez l'Appendice A à la page 165.)

1. Vous désirez féliciter les parents de la naissance de leur premier bébé.
2. Vous avez besoin de gronder votre fille.
3. Votre fils ne vous obéit pas.
4. Votre accouchement est proche et vous n'avez pas de voiture pour aller à l'hôpital.
5. Vous voulez que vos parents soient plus libéraux.
6. Vous croyez que votre père (mère) est trop sévère.

EXERCICES

I. Donnez le contraire des mots ou des expressions suivantes, et puis employez-les dans une phrase complète.

1. rompre les fiançailles
2. le mariage civil
3. naître
4. beau-fils
5. être célibataire
6. gâter un gosse
7. obéir à un parent
8. tenir à quelqu'un

II. Expliquez la différence entre les mots donnés.

1. connaître et rencontrer
2. se fiancer et se marier
3. se disputer et se réconcilier
4. vieillir et mourir
5. vivre en harmonie et se disputer
6. se marier et divorcer
7. choyer un gosse et punir un gosse
8. les parents sévères et les parents libéraux.

III. Réagissez aux phrases suivantes en éprouvant les sentiments indiqués. (Consultez l'Appendice A à la page 165.)

1. Sa fille n'est pas mariée. (avec sarcasme)
2. Ma femme va se séparer de moi. (avec surprise)
3. Quelqu'un m'a dit que votre ami sort avec une autre fille. (avec doute)
4. Nous n'avons pas assez d'argent pour nous marier. (avec compassion)
5. Comme je suis tombée amoureuse de ce garçon! (sans enthousiasme)
6. Je voudrais bien être beau pour plaire aux filles. (avec sarcasme)
7. On m'a dit que votre fiancé a rompu vos fiançailles. (négativement)
8. Ne m'embrasse pas! Je suis enrhumé. (d'accord)

IV. Expliquez ce que vous feriez pour résoudre les problèmes suivants.

1. Vous ne vous entendez pas du tout avec votre belle-mère et elle veut s'installer chez vous.
2. Les jeunes **mariés** ont décidé de ne pas avoir d'enfant et leurs parents demandent une explication.
3. Une fille (un garçon) vous court après (vous la (le) détestez) et enfin vous avez décidé de lui expliquer pourquoi elle (il) doit arrêter ses avances.
4. Votre frère (soeur) se révolte et veut quitter la maison. Essayez de le (la) persuader de ne pas le faire.
5. Votre ancien(ne) mari (femme) n'a aucune intention de payer la pension alimentaire et vous n'avez pas assez d'argent pour payer les frais.

LE COURRIER du COEUR

Chère Marcelle Ségal[1],

Depuis un mois, je *rêvais* de son coup de téléphone. Je ne pensais qu'à lui. Hier, il m'a téléphoné. J'aurais dû *sauter* de joie, mais je ne l'ai pas fait. Il ne me plaît plus. Je le trouve stupide, *moche*. Si ce n'était que cette fois, je ne *m'affolerais* pas, mais c'est toujours la même chose. Je veux sortir avec un garçon, j'attends avec impatience pendant une semaine et le jour où je sors, c'est fini. Je n'en veux plus. Suis-je condamnée à ne vivre que de rêves? J'ai dix-neuf ans.

attendais
jumped
affreux, dégoûtant *(fam.)*
inquiéterais

Chloé

---

[1]Marcelle Ségal donne des conseils à la manière d'Ann Landers.

Chère Chloé,

Non, pas plus que vous n'êtes condamnée à avoir toujours dix-neuf ans, l'âge où l'on rêve encore du héros, de Prince Charmant, et où le copain qui vous offre une bière et le cinéma vous *déçoit*. Un jour viendra où vos rêves, descendus de leur nuage, rejoindront la réalité; où le Prince Charmant deviendra *Science Po;* le héros, ingénieur IBM. Quand vos rêves seront devenus ceux d'une femme, vous trouverez l'homme de vos rêves, celui qui ne vous décevra pas.

cause une déception

étudiant à la faculté des Sciences Politiques à Paris

Marcelle Ségal

*Extrait d'un article d'*Elle

QUESTIONS

1. Pourquoi Chloé n'a-t-elle pas sauté de joie en recevant le coup de téléphone si longtemps attendu?
2. Décrivez le problème de Chloé.
3. Quelle est la solution de Marcelle Ségal?

A VOUS LA PAROLE

1. Etes-vous d'accord avec la réponse de Marcelle Ségal? Sinon, quelle serait votre réponse à Chloé?
2. Expliquez pourquoi Chloé représente une fille stéréotypée qui n'existe plus.
3. Récrivez la lettre de Chloé de votre point de vue et demandez les conseils de vos camarades de classe.
4. Lisez à la classe une lettre que vous avez écrite à Marcelle Ségal et demandez les conseils de vos camarades de classe.
5. A qui demandez-vous des solutions à vos problèmes? Pourquoi?
6. Essayez d'expliquer pourquoi un conseiller comme Marcelle Ségal (ne) peut (jamais) réussir à résoudre les problèmes qui lui sont présentés.

LA FEMME ET LE TRAVAIL — deux points de vue

La Valorisation dans la maternité

Toutes les femmes cherchent l'égalité, font tout leur possible pour être au même niveau que l'homme. Mais est-ce que le niveau de l'homme est tout dans la vie? Non, ces deux sexes différents ont deux rôles qui se complètent. La femme, si elle insiste pour atteindre ce *but,* perdra son rôle principal qui est même plus important que celui de l'homme, celui de l'éducation de l'enfant qui est la base de la société. Si elle réussit à avoir des enfants non complexés qui ne manquent pas d'affection, bien cultivés, qui savent vivre pour les autres et se *dévouent* pour l'humanité, c'est déjà quelque chose; ce serait une société idéale. Mais malheureusement ces valeurs sont abstraites et la femme qui croit que le travail la *valorise* et sent qu'elle est

objectif

consacrent

lui donne une plus grande valeur

inférieure quand elle reste à la maison, ne voit la valorisation que dans le matérialisme.

A quand le choix réel pour tous?

Quand on pourra imaginer tranquillement qu'un homme aussi a le droit d'élever ses gosses si ça lui plaît, le droit d'arrêter le travail quelques années, pendant que sa femme travaille pour gagner la vie pour tous, alors, enfin, il y aura quelque chose de neuf! La maxime «travail égal, salaire égal» n'est pas *usée:* on se bat pour le mot «salaire». J'aimerais qu'on se batte pour le mot «travail». *A l'heure actuelle,* le travail ne libère pas parce qu'on ne choisit pas son travail quand on n'a pas reçu une éducation et une formation destinées à être indépendant économiquement, en faisant ce qui vous intéresse: l'erreur est là. Quand voyons-nous le choix réel pour tous? Envisage-t-on le travail à mi-temps pour les hommes comme pour les femmes? Sans justification ni pour les uns ni pour les autres? La mère qui n'élève pas ses fils et filles de la même manière les handicape fortement: sur le plan du *quotidien* pour les garçons qui ne sont pas habitués à *se débrouiller* seuls, et sur le plan de l'indépendance économique pour les filles en ne leur donnant pas la possibilité d'avoir un métier valable.

vieillie
aujourd'hui

de chaque jour
s'arranger

Extrait d'un article d' Elle

QUESTIONS

Selon le premier auteur:

1. Qu'est-ce que les femmes perdront en atteignant l'égalité avec les hommes?
2. Quelle est la société idéale?
3. Décrivez la femme qui ne voit sa valorisation que dans le matérialisme.

Selon le deuxième auteur:

4. Pourquoi est-ce qu'on doit se battre pour le mot «travail»?
5. Pourquoi est-ce que le travail ne libère pas?
6. A quoi les garçons ne sont-ils pas habitués? Et les filles?
7. Qu'est-ce qu'il faut faire pour avoir le choix réel pour tous?

1. Croyez-vous que ce soit un homme ou une femme qui ait écrit le premier article? Et le deuxième? Quelles sont les raisons de votre réponse? Avec lequel êtes-vous d'accord?
2. Imaginez une conversation entre deux personnes qui représentent les opinions et les idées des deux articles précédents.
3. Expliquez la place et le rôle de l'homme et de la femme dans un mariage.
4. Avec un(e) camarade de classe, imaginez la conversation entre un mari qui ne veut pas que sa femme travaille et la femme qui insiste sur travailler.

UN HOMME AU FOYER

«Quand nous nous sommes mariés nous travaillions tous les deux, et nous gagnions bien notre vie. Puis nous avons désiré un enfant et notre fils est né. Nous l'avons mis en nourrice, mais vers huit ou neuf mois nous avons compris qu'il souffrait d'être *ballotté* comme ça tous les jours, et nous nous sommes *aperçus* qu'un de nous deux devait s'arrêter pour élever le petit. C'est alors que j'ai décidé de rester à la maison.»

remué continuellement entre le foyer et la maison de la nourrice/rendu compte

Beaucoup de jeunes ménages modernes connaissent ce problème à la naissance de leur premier enfant, beaucoup estiment que leur enfant a besoin d'une présence constante dans les premières années de sa vie, beaucoup prennent leur décision en commun. Mais très peu, pour ne pas dire aucun, adoptent la solution de la personne qui parle en haut—car c'est Richard X. qui parle! Il est «homme au foyer» depuis deux ans et lui et sa femme, qui gagne l'argent du ménage dans une entreprise parisienne, ont deux enfants: un fils de 28 mois et une petite fille de 10 mois.

«Je sais bien que beaucoup de gens s'étonnent de mon choix, mais franchement c'était plus logique que ce soit moi qui m'arrête. Nous avions des salaires parfaitement équivalents, et ma femme n'était pas de tout «ménagère». Moi, au contraire, je *me débrouille* très bien avec les choses de la vie. Et c'était moi qui ai proposé de devenir «homme au foyer». Ma femme *ne s'est pas moquée de moi*, mais elle a été surprise. Enfin elle m'a dit oui, parce qu'elle avait compris que j'en avais *envie*.

m'arrange
ne m'a pas ridiculisé
le désir

«Mes parents ont très mal réagi quand je leur ai *fait part* de notre décision. Quant aux amis, ça *les a fait sourire*. Je dirais que ça va mieux maintenant, mais en fait rien n'a changé. C'est plutôt moi qui me suis *endurci*.»

informé
les a amusés
devenu indifférent

Pour Richard c'est essentiellement ces relations entre les hommes et les femmes qui lui paraissent *actuellement* beaucoup trop enfermées dans des stéréotypes. Lui essaie d'être à l'avant-garde de cette mutation profonde des couples, mais il se rend bien compte que ce n'est pas facile d'être ainsi en avance sur son temps. «C'est l'équilibre à deux que nous cherchons. Je crois que dans un couple on ne doit pas adopter des attitudes stéréotypées; il faut bâtir ensemble. On se choisit un partenaire, ou une partenaire, pour essayer de s'équilibrer. Intellectuellement, physiquement, matériellement. Petit à petit il faut arriver à se compléter et à *s'entraider* dans tous les domaines. Ce que je n'arrive pas à comprendre, elle m'aide à le comprendre.

en ce moment

s'aider mutuellement

«Pour faire un couple il ne faut pas trois quarts d'une personnalité masculine dominante et un petit quart de femme dominée; il faut vraiment deux moitiés. Et peu importe dans quels secteurs bien précis les deux moitiés se complètent.»

Extrait d'un article d'Elle

QUESTIONS

1. Quelle était la décision du couple de cette histoire après la naissance de leur premier enfant? Pourquoi?
2. Ce jeune ménage a adopté une solution pas très conventionnelle. Expliquez pourquoi et comment on est arrivé à l'adopter.
3. Quelle était la réaction de leurs amis? De leurs parents?
4. Comment Richard décrit-il les relations entre les hommes et les femmes? Qu'est-ce qu'il essaie de faire pour changer les relations?
5. Qu'est-ce qu'on doit chercher pour qu'un jeune ménage puisse s'équilibrer?
6. Selon Richard, de quoi a-t-on besoin pour faire un couple?

A VOUS LA PAROLE

1. Imaginez la conversation entre Richard et ses parents (ou ses amis) quand il leur fait part de sa décision d'être homme au foyer.
2. Décrivez ce que vous considérez être les relations parfaites dans un mariage.
3. Si les fiancés décident d'écrire leur propre cérémonie de mariage, quels éléments est-ce que le contrat de mariage devrait inclure?
4. Imaginez la conversation entre un homme qui veut devenir «homme au foyer» et sa fiancée qui n'est pas d'accord.
5. Imaginez la conversation entre un mari qui ne veut pas être «homme au foyer» et son épouse qui le veut.
6. Croyez-vous que l'égalité puisse exister dans un mariage? Expliquez votre réponse.

LA MORT? JE NE LA CONNAIS PAS!

La mort—existe-t-elle encore? Il fallait faire un effort pour le croire, quand un ministre de la Santé publique fit, il y a quelques mois à la télévision l'inventaire des causes de *décès*. Elles sont quatre, dit-il: l'alcoolisme, les accidents de la route, le cancer et les maladies du cœur. *Sous-entendu,* lorsque l'on aura *supprimé* l'alcoolisme, *vaincu* le cancer, dominé les *infarctus* et éliminé les accidents sur les routes, eh bien, on ne mourra plus. C'est une douce illusion caractéristique d'une société qui ne vit plus que d'illusions et qui veut s'accorder la plus belle: celle de l'immortalité.

    «Où sont passés nos *corbillards d'antan?*» Ces corbillards qui passaient dans les rues vers le cimetière et que l'on croisait en chemin en allant à l'école. La mort alors passait et nous apprenions en la *saluant à la vivre.* Dans ce temps-là, on mourait encore chez soi et l'on prenait le temps d'arrêter la vie dans la maison pour s'occuper du mourant. Et l'on portait le *deuil,* signe social d'une douleur. La mort alors, était au centre de la vie comme le cimetière au centre du village.

    Et comme la mort a changé en si peu de temps! Changé? Non pas. Eliminée. On ne meurt plus chez soi, mais en cachette derrière un *paravent* d'hôpital. Dans un milieu anonyme, entouré de machines hostiles. La mort est devenue un sujet tabou qui *frise* l'obscénité. Une infirmière, ayant une longue expérience de ces problèmes conclut: «La naissance et la mort, *étapes* fondamentales de la vie, ont été médicalisées à l'extrême. Les gens adoptent un *comportement d'attente,* mais ils refusent totalement la responsabilité de s'occuper du mourant. La famille ne sait plus du tout aider le mourant à se préparer.»

    Le *désarroi* de l'entourage d'un mourant durant l'agonie *se poursuit* souvent *lors*

---

mort

ce qu'on fait comprendre sans le dire

/aboli/triomphé du/maladie du cœur

hearses/d'autre-fois

donnant des marques de respect en ôtant le chapeau et s'inclinant

quelque chose de noir (bande, cravate, vêtement)

folding screen

est tout près de

périodes

atttitude prise pour attendre le moment de la mort

confusion/continue

de la mort. A tel point qu'il existe déjà aux Etats-Unis des entreprises particulières, | **au moment de**
sorte de «S.O.S. Cadavres» qui, *dès* le décès, viennent immédiatement *délivrer* la | **au moment de/libérer**
famille de la présence encombrante du corps et l'emportent dans un grand sac en
plastique. Il faut vite, très vite oublier que la mort est venue, que la mort existe.

«Les hommes, n'ayant su guérir la mort, la misère et l'ignorance, *se sont avisés,* | **ont trouvé**
pour se rendre heureux, de n'y point penser.» S'il est vrai que quand il est question
de la mort, une étrange *pudeur* nous conduisait au silence, il n'est pas certain qu'elle | **réserve**
nous *menait* à l'oubli. Et les *preuves* aujourd'hui se multiplient que les problèmes de | **guidait / affirmations**
la mort, après avoir *subi* une étonnante *éclipse,* réapparaissent sur la scène de notre | **éprouvé/disparition**
société.

Extrait d'un article d' Elle *par Jacques Merlino*

QUESTIONS

1. En quoi consiste l'inventaire des causes de décès en France?
2. Qu'est-ce qui arrivera quand on éliminera toutes les causes de la mort?
3. Quelle est cette illusion dont parle l'auteur?
4. Au temps passé comment les obsèques se passaient-ils?
5. Comment la mort a-t-elle changé?
6. Comment réagit une famille dans le cas du décès?
7. Que veut dire l'expression «S.O.S. Cadavres»?

A VOUS LA PAROLE

1. Expliquez pourquoi la mort est devenue un sujet tabou qui frise l'obscénité.
2. Expliquez pourquoi la famille ne sait plus aider le mourant à se préparer.
3. Défendez les droits d'un mourant.
4. Comment réagissez-vous quand il s'agit d'une mort dans votre famille?

SUJETS DE DISCUSSIONS

(pour ou contre)

1. Il devrait y avoir des écoles pour apprendre à choisir un époux (une épouse).
2. Pour avoir moins de divorces il nous faut plus de marieurs professionnels.
3. La compétition entre homme et femme est quelque chose de souhaitable.
4. C'est la société actuelle qui impose les rôles des hommes et des femmes.
5. Le rôle de l'homme dans notre société est beaucoup plus important que celui de
   la femme.
6. On n'arrivera jamais à comprendre la mort.

LA SANTÉ

L'ESSENTIEL

LE CORPS HUMAIN
LA TÊTE

LE TRONC ET LES MEMBRES DU CORPS

le crâne — le doigt
la main
le poignet
le bras
l'os (m.)
l'épaule (f.)
le muscle — le coude
la poitrine
le poumon
l'estomac (m.)
les intestins (m. pl.) — la taille
la cuisse
la jambe — le genou
le mollet
la cheville
le pied — le talon

VOCABULAIRE SUPPLÉMENTAIRE

le dos	la fesse	le squelette	la veine	le sang	la peau	la chair
le côté	la gorge	l'artère (f.)	le foie	le nerf	la poil	

I.

1. Quels sont les membres du corps humain?
2. Quelles sont les parties principales du tronc?
3. Quelles sont les parties de la tête?
4. Décrivez votre tête. Décrivez celle de la personne à votre droite; celle de la personne à votre gauche.
5. Voici une liste partielle des actions du corps humain. Pouvez-vous en ajouter d'autres?

avaler	baîller	sauter	se gratter	tousser
cracher	éternuer	se gargariser	souffler	se moucher

6. Comment utilisez-vous les parties différentes du corps humain? Par exemple, on pense avec la tête.
   Qu'est-ce qu'on peut faire avec ces parties du corps humain: le bras, les doigts, l'œil, le pied, la jambe, les lèvres, la bouche, le poumon, le nez, la gorge, la tête?

II. Mettez en ordre de la tête au pied ces parties du corps humain: l'oreille, le menton, l'estomac, la cuisse, la cheville, le front, l'épaule, le côté, le talon, le poignet, le coude, les paupières.

LA SANTÉ

Alain (Anne)	être	en bonne santé/malade
		fort(e), costaud *(fam.)*/ faible
		sain(e) de corps et d'esprit
		gros(-se)/mince
		actif(-ive), énergique/ paresseux(-euse)
		musclé(e)/faible
		gras(-se)/maigre
	aller, se sentir (bien/ mal)	
	avoir	bonne/mauvaise mine un joli teint
	avoir soin (de) conserver, ménager	sa santé
	ressentir	une douleur
une personne	grossir, prendre du poids	
	être se mettre	au régime
	maigrir,/perdre du poids	

ACCIDENTS *(m. pl.)*

se blesser (à)
tomber
se faire mal
marcher avec des béquilles *(f. pl.)*
porter un bandage, être bandé(e)
être porté(e) sur une civière
se casser la jambe
se fouler la cheville
avoir un bras dans le plâtre/en écharpe
subir un choc
s'évanouir, perdre connaissance
s'empoisonner
être empoisonné(e) (par)

MALADIES (*f. pl.*)

tomber malade
attraper
   un rhume
   la grippe
   une bronchite
   une pneumonie
s'enrhumer
tousser
avoir de la fièvre
       mal à la gorge (à la
       tête, au dos, etc.)

I. Multi-conversation: L'État de santé

A. 1. Comment va ton père?
   2. Ton frère, comment va-t-il?
   3. Ça fait longtemps que je n'ai pas vu Raymond. Comment va-t-il?

B. 1. Pas fort. Il ne va pas très bien.
   2. Il ne se sent pas très bien.
   3. A vrai dire il est malade.

C. 1. Qu'est-ce qu'il a?
   2. Ah oui? Qu'est-ce qui ne va pas?
   3. Que dis-tu? C'est quelque chose de sérieux?

D. 1. Il s'est enrhumé et tousse et éternue sans cesse.
   2. Je crois qu'il a mangé quelque chose qui ne lui convient pas.
   3. Nous n'en avons aucune idée et le docteur vient demain pour l'examiner.

E. 1. Dis-lui que j'espère qu'il se sentira mieux bientôt.
   2. Dis-lui bonjour de ma part et de se soigner bien.
   3. J'espère qu'il ira mieux.

F. 1. C'est bien gentil de ta part. Je le lui dirai.
   2. Merci beaucoup. Je lui raconterai ce que tu as dit.
   3. Merci. Il sera très content d'apprendre que tu as demandé de ses nouvelles.

II.

1. Quel est le contraire de *grossir?* De *se sentir bien?* D'*être énergique?*
2. Pourquoi marche-t-on avec des béquilles? Pourquoi ressent-on une douleur?
3. Que fait-on si l'on se foule une cheville? Si l'on est empoisonné?
4. A quoi une civière sert-elle? Un bandage?
5. Décrivez votre état de santé. Etes-vous en parfaite santé ou avez-vous une santé délicate? Qu'est-ce que vous mangez pour être en bonne santé?
6. Pourquoi se met-on au régime?
7. Avez-vous jamais été au régime? Qu'est-ce que vous avez mangé pour maigrir? Pour prendre du poids?

LE MÉDECIN ET LE MALADE

le médecin	examiner	le (la) malade
	soigner	le patient, la patiente
	guérir	
	demander	le genre de douleur
	faire	le diagnostic
	prescrire	les médicaments (*m.pl.*)
	délivrer	une ordonnance
	donner	des conseils (*m. pl.*) des soins (médicaux) (*m. pl.*)
	faire payer	la note (au patient)

le chirurgien	opérer	le (la) malade
l'infirmière (f.)	bander	la blessure
	faire	une piqûre
	prendre	le pouls (à qqn) la tension (à qqn) la température (à qqn) une radiographie
le (la) malade	consulter	le médecin
	se plaindre (de) éprouver	une douleur
	prendre	de l'aspirine (f.) des vitamines (f. pl.)
	se détendre se reposer se guérir	
le dentiste	détecter	la carie
	plomber arracher extraire nettoyer	les dents (f. pl.)

MARCEL NARDOUX

CHIRURGIEN DENTISTE
DE LA FACULTÉ DE MÉDECINE DE PARIS

DOCTEUR EN CHIRURGIE DENTAIRE

PROFESSEUR
A L'ÉCOLE NATIONALE DE CHIRURGIE DENTAIRE
DE MONTPELLIER

1, RUE VICTOIRE DE LA MARNE
MONTPELLIER.
C.C.P. MONTPELLIER 589-03

présente ses compliments
à Madame *Maley Catherine*
et selon l'usage, lui adresse la
note de ses honoraires pour soins
donnés à *elle même*
dont le montant est de : *45F*

Pour éviter toute erreur, veuillez préciser lors de votre règlement
le nom et le prénom de la personne pour qui vous réglez.

I. Multi-conversation: Chez le médecin

A. 1. J'ai mal à la gorge et j'éprouve une douleur à la poitrine.
  2. J'ai mal à l'estomac et je perds du poids.
  3. Je me sens mal et j'ai de la fièvre.

B. 1. Depuis combien de temps vous sentez-vous comme ça?
  2. Ça fait combien de temps que vous l'avez?
  3. Depuis quand n'allez-vous pas bien?

C. 1. Ça fait trois ou quatre jours.
  2. Ça fait à peu près une semaine.
  3. Cela m'est arrivé il y a deux mois.

D. 1. Je crois que vous avez la grippe.
   2. C'est bien évident que vous avez une indigestion.
   3. Vous avez attrapé une infection.

E. 1. Quels sont vos conseils?
   2. Que dois-je faire pour me guérir?
   3. Qu'est-ce que je devrais faire?

F. 1. Je vous donne des médicaments et je reviendrai vous voir dans une semaine[1].
   2. Ce n'est pas sérieux mais il vous faut du repos.
   3. Prenez de l'aspirine et appelez-moi dans trois jours si vous ne vous sentez pas mieux.

II. Complétez les phrases suivantes:

1. Après avoir guéri le malade, le médecin _____ .
2. Pour obtenir des médicaments il faut _____ .
3. Si vous avez une carie le dentiste _____ .
4. Une température trop élevée indique que _____ .
5. Si un patient a une blessure l'infirmière _____ .
6. Pour guérir l'appendicite un chirurgien _____ .

EXERCICES

I. Qu'est-ce qu'il faut faire?

Exemple: Pour paraître plus jeune
      Si je voulais paraître plus jeune, il me faudrait un joli teint.
Pour:

1. paraître plus jeune (âgé[e])
2. être sain(e) de corps et d'esprit
3. se guérir
4. maigrir
5. prendre du poids
6. être plus énergique
7. ne plus prendre les médicaments
8. ne pas tomber malade

II. Expliquez ce que vous feriez pour résoudre ces problèmes. Ensuite, inventez d'autres problèmes à résoudre et posez-les à vos camarades de classe.

1. Un vendeur s'est cassé la jambe devant votre maison et il demande que vous payiez la note du médecin et aussi le temps de travail qu'il a manqué.
2. Gisèle a suivi un régime pendant tout l'été et avec grand succès. Maintenant elle a un nouveau petit ami qui n'aime pas du tout les filles maigres, et il vient de le lui dire.
3. Vous venez de demander à votre médecin ce qu'il faut faire pour être en bonne forme et il vous a recommandé de changer radicalement vos habitudes.

III.

1. Que fait une infirmière?
2. A quoi les vitamines servent-elles?
3. A quoi les radiographies servent-elles? Croyez-vous qu'elles soient dangereuses? Pourquoi?

---

[1]En France les médecins font des visites à domicile. En général les médecins réservent le matin pour les visites à domicile et l'après-midi pour les consultations dans leur cabinet.

4. Pourquoi allez-vous chez le dentiste? Qu'est-ce que le dentiste a fait pendant votre dernière visite?
5. Que faites-vous si vous éprouvez une douleur?

IV. Imaginez que vous êtes le médecin dans cette conversation.

Dans le cabinet du médecin

Paul: *(en se grattant)* Je ne me sens pas très bien, docteur.
Médecin:
Paul: J'ai mal aux genoux, particulièrement quand je m'assieds. Quand je suis debout la douleur diminue beaucoup.
Médecin:
Paul: Pourquoi est-ce que vous allez me prendre le pouls et la température quand j'ai mal aux genoux?
Médecin:
Paul: Oui, je suis d'accord. C'est vous qui êtes le médecin, pas moi.
Médecin:
Paul: *(avec surprise)* Vous voulez que je me lève? Eh bien, alors. Ne vous mettez pas en colère. S'il est nécessaire, je le ferai.
Médecin:

V.

1. Décrivez et comparez vos descriptions avec celles de vos camarades de classe:
    a. le régime (le corps) idéal
    b. le médecin (l'infirmière) idéal(e)
    c. la bonne santé
    d. la vie d'un médecin (avantages et désavantages)
2. Racontez ce qui vous est arrivé la dernière fois que
    a. vous avez subi un accident (un choc, une opération)
    b. vous vous êtes plaint d'une douleur
    c. vous avez consulté votre docteur

Malades de leur maître

Les animaux aussi peuvent faire des troubles psychosomatiques. En Angleterre et aux Etats-Unis, il existe des cliniques de psychiatrie animale où l'on soigne ces troubles. En France, rien d'officiel, seulement quelques vétérinaires qui s'intéressent à la zoopsychiatrie. Si votre chien ou votre chat se dévore la *queue*, s'il perd tous ses poils, s'il tousse, s'il *devient aphone*, s'il fait de l'eczéma ou s'il s'oublie systématiquement sur la *commode* du salon, ces troubles peuvent très bien être de l'origine psychosomatique. Votre animal a subi un choc émotif: adoption d'un autre animal, accident de voiture, *frayeur*, arrivée d'un bébé à la maison.

tail
perd la voix
meuble à tiroirs

peur violente

Les animaux trop aimés peuvent avoir besoin de zoopsychiatrie autant que les mal aimés. Trop caressés, trop *choyés*, ils peuvent devenir hystériques. A l'inverse, un animal qu'on laisse dans son coin peut devenir *neurasthénique*. On a *constaté* que les animaux de cirque sont rarement malades parce qu'ils travaillent. Les *scènes de ménage* terrorisent tous les animaux, Alors, pour garder un animal bien équilibré, ne vous disputez pas, ne mangez pas trop, ne le *chouchoutez* pas trop. En somme, soyez bien équilibré vous-même!

gâtés
souffrir d'une grande tristesse/remarqué

arguments familiaux
gâtez, choyez *(fam.)*

Extrait d'un article d' Elle

QUESTIONS

1. Expliquez ce que veut dire un trouble psychosomatique.
2. Comment sait-on qu'un animal a un problème psychosomatique?
3. Pourquoi les animaux de cirque sont-ils rarement malades?
4. Quels sont les quelques conseils donnés pour bien soigner un animal?

A VOUS LA PAROLE

1. Est-ce qu'on pourrait dire que les Anglais et les Américains soignent mieux les animaux que les Français? Expliquez votre réponse.
2. Avez-vous jamais eu un animal qui avait des problèmes psychosomatiques? Racontez.
3. Vous êtes zoopsychiatre. Essayez d'expliquer à un(e) client(e) que c'est lui (elle) qui a le problème psychiatrique et pas son animal.

JE NE VEUX PAS MOURIR D'UN CANCER

C'est décidé, je ne veux pas mourir d'un cancer. Organisé par nature, je me suis informé de ce qui pouvait me menacer. Et j'ai éliminé. . . Fini, bien sûr, le tabac ainsi que la marijuana qui serait *cancérigène*. Finies les pommes de terre car elles peuvent contenir du benzopyrène, substance hautement dangereuse. Finies aussi les *cacahuètes* qui contiennent de *l'aflatoxine*, les grillades au feu de bois qui équivalent à la fumée de 25 paquets de cigarettes. Fini le pain car s'il est *cuit* dans des *fours* mal réglés, il deviendra lui aussi cancérigène. Finis la confiture, les poissons et les *coquillages* dont la *nocivité* est bien connue. Finis donc, les salades, les choux-fleurs et les petits pois. Je suis parti à la campagne car l'air de nos villes contient des substances fortement cancérigènes. Mais je *surveille* la direction des vents car les explosions nucléaires *répandent* du strontium 90, un produit qui serait cause de cancer. Ma femme m'a quitté car le mariage est lui aussi devenu suspect. Des médecins américains *auraient* établi que les *religieuses* des Etats-Unis sont moins sujettes aux cancers du sein et de l'utérus.

J'ai pris toutes les précautions nécessaires: je ne mange plus, je ne bois plus, je ne fume plus, je ne respire plus, je *ne coîte plus*. Je peux mourir en paix, je n'aurai pas le cancer.

Extrait d'un éditorial d'Elle par Jacques Merlino

- qui peut causer le cancer
- peanuts/substance qui peut causer le cancer
- du verbe cuire, la cuisine
- ovens
- mollusques/danger
- observe attentivement
- dispersent
- supposedly have/nonnes, sœurs
- ne fais plus l'amour

QUESTIONS

1. Quel est le ton de cet article? Quelle est l'attitude de l'auteur?
2. De quoi se moque-t-il?
3. Diriez-vous qu'il est pessimiste? Ou optimiste? Ni l'un ni l'autre?
4. Quelles choses a-t-il éliminées pour ne pas mourir d'un cancer?
5. Qu'est-ce qui lui reste dans la vie?

A VOUS LA PAROLE

1. Que feriez-vous pour éviter de mourir d'un cancer?
2. Comme dit la sagesse populaire «Aujourd'hui il faut manger, boire et s'amuser parce que demain on mourra.» Etes-vous d'accord avec cette idée? Expliquez votre réponse.
3. Avec un(e) camarade de classe, imaginez une conversation entre une personne qui croit qu'il ne faut pas prendre des risques pour vivre bien et l'autre qui croit à la sagesse «Qui ne risque rien, ne vaut rien.»

UNE OPÉRATION PAR UN CHIRURGIEN À MAINS NUES

Pour découvrir les étonnantes possibilités de la «chirurgie psi», les curieux pouvoirs des chirurgiens qui opèrent à mains nues, j'ai pris rendez-vous pour me faire opérer par Michel Carayon. Cet homme de trente ans a renoncé à son métier de professeur pour se consacrer à la chirurgie «psi». Un jour je me suis présentée dans son cabinet de consultations. Dans une minuscule salle d'attente se trouvait une vingtaine de personnes. Des malades, bien sûr, mais aussi des curieux qui veulent «voir», et surtout des médecins. Je suis à la fois sceptique et favorablement impressionnée car ce M. Carayon, avec la plus grande gentillesse, accepte la présence des médecins, discute avec eux et commence à *se prêter* à des contrôles scientifiques. Son langage évite aussi bien les termes médicaux que le jargon propre à ceux qui se croient investis de «pouvoirs» supranormaux.
    Il vient chercher ses patients un par un, les reçoit confidentiellement pour un *entretien* préliminaire, puis, lorsque le malade est *étendu* sur le lit qui lui sert de table d'opération, il fait entrer les observateurs (lorsque le malade est d'accord, bien entendu). Ses accessoires? De grands paquets de coton *hydrophile*, un bol contenant de l'eau, un *récipient* où il jette les cotons rougis et les substances qu'il a «sorties» du corps et une pince chirurgicale. Sa technique? Avec le coton *imbibé* d'eau, il *pétrit* fortement la partie du corps qu'il a décidé d'opérer. Les doigts semblent pénétrer à l'intérieur du corps. L'eau *rosit*, rougit, donnant l'impression que du sang coule. «Du sang vient se rematérialiser au niveau de mes doigts sous forme de *caillots*», m'explique-t-il. Contrairement à toute logique, ce sang ne coule pas: les caillots se dissolvent dans l'eau. A un certain moment, une substance étrange semble *surgir* sous ses doigts. N'importe qui peut lui servir d'assistant pour extraire avec la pince cette substance—il faut vraiment tirer, comme pour déraciner une

consentir

conversation/allongé

absorbant
ustensile
imprégné
donne un massage très fort
devient rose

petite masse de sang coagulé

apparaît brusquement

plante. Michel Carayon *retire* alors ses mains, éponge le «champ opératoire». L'opération est terminée. Il n'y a pas de marque sur la peau, pas de *cicatrice*, une simple rougeur due à la pression des mains.   enlève / scar

Nous ne savons pas encore s'il s'agit d'un simple phénomène de prestidigitation ou alors, ce qui serait *passionnant*, de réelles «matérialisations». Il est quand même très étonnant de pouvoir obtenir autant de matérialisations et aussi facilement.   intéressant

Quand vient mon tour, Carayon a l'air sceptique. Je ne suis pas malade du tout. Mais j'ai un mal de dos chronique—dû à deux accidents de voiture—mais particulièrement *aigu* ce jour-là.   violent

Il me fait coucher sur la table. Je suis très détendue, je n'ai rien à craindre, au pire être la dupe d'un très *habile numéro* de prestidigitation. Il me pétrit très fort la gorge (pas très agréable) et bientôt demande à quelqu'un de prendre la pince chirurgicale. Je sens très bien que l'on arrache de moi quelque chose. Autosuggestion? Cela m'*arrangerait* bien. Au bout de la pince, une sorte de *sangsue* longue de six cm[1], couleur de bœuf bouilli. Je suis étonnée de *constater*, peu après, que mes douleurs dorsales qui me tourmentaient depuis plusieurs jours ont, sans que je l'aie espéré, disparu. . . pour combien de temps?   adroit/act — satisferait/animal qui suce le sang — remarquer

Extrait d'un article de Paris-Match *par Marie-Thérèse de Brosses*

QUESTIONS

1. Qu'est-ce que c'est que la chirurgie «psi»?
2. Pourquoi l'auteur a-t-elle été impressionnée par le chirurgien «psi»?
3. Pour quelle raison M. Carayon évite-t-il, probablement, le vocabulaire médical en parlant de ce qu'il fait?
4. De quels objets se sert-il pour ses opérations?
5. Expliquez ce qui se passe pendant une de ces opérations «psi».
6. Quelle a été la réaction de l'auteur après avoir observé une de ces opérations?
7. Comment était l'opération de l'auteur?
8. Après avoir subi son opération est-elle toujours sceptique envers la chirurgie «psi»? Lui, l'a-t-il convaincue qu'il n'est pas un charlatan?

A VOUS LA PAROLE

1. Vous êtes chirurgien «psi». Expliquez à un(e) patient(e) pourquoi vous n'avez pas réussi à le (la) guérir.

[1]centimètre = .393 inches × 6 = 2.358 inches

2. Vous êtes médecin. Expliquez à un(e) malade pourquoi il (elle) a été la dupe d'un charlatan.

3. Quelle est votre opinion sur M. Carayon? Croyez-vous qu'il soit charlatan? Pourquoi (ou pourquoi pas)?

LES FRANÇAIS ET LEUR MÉDECIN

Regardez les questions posées dans un *sondage* réalisé pour savoir comment les Français se *comportaient* avec les médecins et ce qu'ils attendaient d'eux. Répondez vous-même à ces questions et après avoir noté les réponses de toute la classe, comparez-les avec celles des Français que vous trouverez à la page 50.

recherche des opinions d'une population / se conduisaient

1. Parmi les professions suivantes, pouvez-vous citer celle qui vous paraît personnellement la plus prestigieuse? Et en second?

notaire	____	*député*	____
patron d'usine	____	général	____
médecin	____	aucune	____
ingénieur en électronique	____	sans opinion	____
prêtre	____		

officier ministériel qui écrit des contrats / représentant élu, membre de l'Assemblée nationale

2. *Actuellement,* le prix de la visite à domicile d'un médecin généraliste est de 36 à 42 F[1] selon les régions. Si vous comparez au prix de la vie, et en particulier aux *tarifs* de services comparables, diriez-vous que c'est

en ce moment

prix

plutôt élevé	____
plutôt bon marché	____
comme il faut	____
sans opinion	____

3. Le tarif de la visite chez un médecin spécialiste est environ 120 F. A ce sujet, avec laquelle des deux opinions suivantes seriez-vous le plus d'accord?

Quand on pense à toutes les années d'études qu'il faut faire et à la responsabilité du travail, c'est tout à fait normal.   ____

C'est quand même trop cher *par rapport* au prix d'un médecin généraliste.   ____

en comparant

Sans opinion   ____

4. Imaginons que vous soyez malade. Vous téléphonez à votre médecin pour qu'il vienne chez vous. On vous répond qu'il est absent et qu'en son absence, il est remplacé par un de ses confrères qui est une femme. Est-ce que vous appelez quand même son remplaçant?

oui	____
non	____
sans opinion	____

[1]Un dollar américain vaut à peu près quatre francs français.

5. Imaginons que vous soyez malade, vous allez chez votre médecin qui a diagnostiqué quelque chose de sérieux et vous prescrit un traitement très long. Est-ce que

vous faites confiance à votre médecin et suivez son avis? ___
vous allez voir un autre médecin pour vous faire confirmer le diagnostic? ___
sans opinion ___

6. Imaginons toujours que vous soyez malade, vous allez chez votre médecin qui a diagnostiqué quelque chose de sérieux et vous prescrit une opération. Est-ce que

vous faites confiance à votre médecin et suivez son avis? ___
vous allez voir un autre médecin pour vous faire confirmer le diagnostic? ___
sans opinion ___

7. En Angleterre, la médecine est nationalisée, c'est-à-dire que les médecins sont des *fonctionnaires* salariés de l'Etat et chaque malade doit s'adresser à un médecin du quartier dont il dépend. En *contrepartie,* les consultations sont *gratuites.* Seriez-vous favorable à ce que le même système soit établi en France? [Pour votre propre réponse, substituez «aux Etats-Unis».]

employés du gouvernement
compensation/sans faire payer

favorable ___
opposé ___
sans opinion ___

*Extrait d'un article d'*Elle.

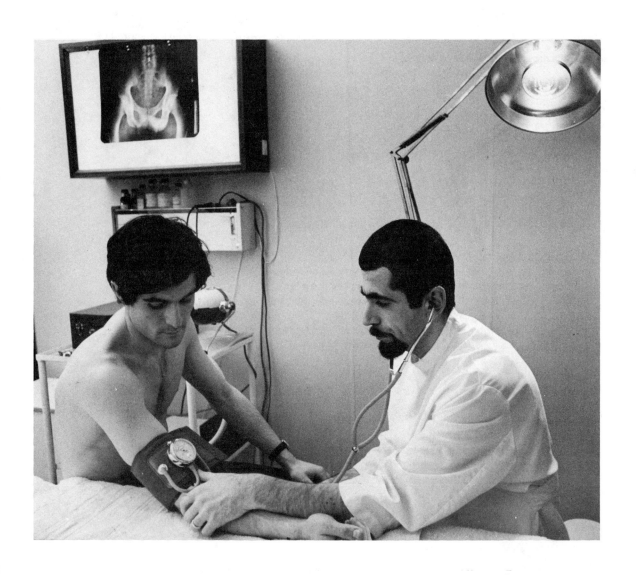

RESULTATS DU SONDAGE EN FRANCE

Question 1: La profession la plus prestigieuse?

	% en premier	% en premier ou en second
notaire	4	12
patron	8	20
médecin	47	67
ingénieur	14	36
prêtre	4	12
député	8	19
général	7	15
aucune	4	5
sans opinion	4	6
	100%	192%[1]

Question 2: Le prix de la visite à domicile

plutôt élevé	52
plutôt bon marché	2
comme il faut	42
sans opinion	4
	100%

Question 3: Le tarif de la visite chez le médecin spécialiste

c'est tout à fait normal	34
c'est trop cher	61
sans opinion	5
	100%

Question 4: Appeler un remplaçant qui est femme-médecin

oui	95
non	4
sans opinion	1
	100%

Question 5: Un traitement très long a été prescrit

suivez son avis	63
voir un autre médecin	35
sans opinion	2
	100%

Question 6: Une opération a été prescrite

suivez son avis	48
voir un autre médecin	48
sans opinion	4
	100%

Question 7: La médecine nationalisée pour la France?

favorable	54
opposé	38
sans opinion	8
	100%

QUESTIONS

1. En France quelles sont les professions les plus prestigieuses? Et aux Etats-Unis?
2. Combien coûte une visite à domicile d'un médecin généraliste en France? Et d'un médecin spécialiste? Croyez-vous que les visites à domicile en France coûtent cher? Les Français que pensent-ils des prix des visites à domicile?
3. Est-ce que le sexe d'un médecin a beaucoup d'importance pour les Français? Expliquez votre réponse.
4. Comparez les réponses aux questions cinq et six du sondage. Pouvez-vous deviner l'opinion des Français sur les opérations?

A VOUS LA PAROLE

1. Est-ce qu'il arrive que les médecins américains fassent des visites à domicile? Quelle était la dernière fois qu'un médecin a fait une visite chez vous?
2. Croyez-vous que les médecins gagnent trop d'argent? Pourquoi (pourquoi pas)?
3. Si votre médecin vous prescrivait une opération, pourquoi iriez-vous voir un autre médecin? Est-ce que cela signifierait que vous n'avez pas confiance en votre médecin?

[1] Le total des pourcentages est supérieur à 100%, les personnages interrogés ayant pu donner deux réponses.

4. Croyez-vous que les Français estiment moins leurs médecins que les Américains? Expliquez votre réponse.
5. Essayez d'expliquer les différences parmi les réponses françaises au sondage et les réponses de votre classe.

SUJETS DE DISCUSSIONS

(pour ou contre)

1. Les animaux n'ont pas le même droit aux soins médicaux que l'ont les êtres humains.
2. a. Il faut vivre sa vie sans prendre de précautions.
   b. A quoi bon une vie menée sans précautions de santé?
3. Il faut se servir de n'importe qui et de n'importe quel moyen pour guérir d'une maladie.
4. La chirurgie «psi» montre bien l'exploitation de la crédulité du public.
5. Pour améliorer le service médical de notre pays, la médecine américaine doit être nationalisée.
6. Essayez de persuader votre professeur ou un(e) camarade de classe de ne pas fumer (de continuer à fumer).
7. Persuadez un(e) camarade de classe de faire (de ne pas faire) des études de médecine.

CHAPITRE 4

LA BEAUTÉ ET LA MODE

L'ESSENTIEL

AU SALON DE COIFFURE

la cliente	prendre rendez-vous (avec)	le coiffeur, la coiffeuse
	demander	un shampooing un shampooing-colorant une mise en plis
	se faire faire	un mini-vague une permanente une coupe
	donner	un pourboire (au coiffeur)

le coiffeur	laver	les cheveux *(m. pl.)*
	rincer	épais/clairsemés
	teindre	frisés/ondulés
	peigner	bouclés/raides
	brosser	emmêlés
	crêper	la perruque
	faire	une coupe
		courte/longue
le (la) manucure	faire	la manucure
	mettre	le vernis

VOCABULAIRE SUPPLÉMENTAIRE

le séchoir   les bigoudis *(m. pl.)*   la brosse   le peigne
               les rouleaux *(m. pl.)*

l'épingle à cheveux *(f.)*   les ciseaux *(m. pl.)*

A L'INSTITUT DE BEAUTÉ

la cliente	avoir	le teint
		clair/bronzé
		pâle/coloré

la cliente   avoir   le teint
                                       clair/bronzé
                                       pâle/coloré

               avoir besoin (de)   un nettoyage de peau
               se faire faire   un traitement
                                     un maquillage
               se maquiller

l'esthéticienne se spécialiser (dans) les soins *(m. pl.)* du
                                          visage
                                          de la peau
                                       le massage

               mettre   le maquillage, le fard
               appliquer

               épiler   les sourcils *(m. pl.)*

               atténuer   les rides *(f. pl.)*

               camoufler   la cicatrice

CHEZ LE COIFFEUR

le coiffeur	couper	les cheveux
	raccourcir	sur la nuque
		devant
		sur les côtés
		sur le haut de la tête
	faire	la raie
		à droite/à gauche
		au milieu
	rafraîchir	la moustache
		la barbe
		les pattes *(f. pl.)*
	raser	le client
	masser	le cuir chevelu

VOCABULAIRE SUPPLÉMENTAIRE

le coup de peigne   la tondeuse
se faire raser   le rasoir (électrique/mécanique/de sécurité)
la crème à raser, le savon, la mousse   la lame

I. Posez des questions en remplaçant les mots en italique par une expression interrogative.

Modèle: La coiffeuse parlait *avec la cliente*.
Avec qui la coiffeuse parlait-elle?

1. Le client a payé *le coiffeur*.
2. Il y a trop de dames *chez l'esthéticienne*.
3. Je ne voulais pas *de fard à paupières*.
4. Mlle Michaud ne donne jamais un pourboire *à sa coiffeuse*.
5. Elle préfère *les cheveux raides*.
6. Mais lui, au contraire, préfère les cheveux *frisés*.
7. La coiffeuse a crêpé *soigneusement* la perruque.

II. Micro-conversation.

A. Avez-vous **un shampooing-colorant** pour **les cheveux gris?**
B. Mais vous n'avez pas de *cheveux gris*, Monsieur!
C. Mais si, au contraire. J'en ai beaucoup.
D. Cela s'arrangera avec *celui-ci*.

Substitutions pour
un shampooing-colorant

une crème
une lotion
un remède
un traitement

Substitutions pour
les cheveux gris

les rides
le teint pâle
les cheveux clairsemés
les cheveux frisés

III. Multi-conversation: Le coiffeur et son client

A. 1. Comment dois-je vous coiffer?
   2. Quelle coiffure aujourd'hui? Comment les aimez-vous?
   3. Comment voudriez-vous que je les coupe?

B. 1. Juste un coup de peigne, s'il vous plaît.
   2. Ne les coupez pas trop, s'il vous plaît.
   3. Très courts partout, s'il vous plaît.

C. 1. Voulez-vous que je vous fasse un shampooing?
   2. Un shampooing, Monsieur?
   3. Je rafraîchis la moustache?

D. 1. Pas cette fois, merci.
   2. Non, je pense que non. Merci.
   3. Merci non. Rien du tout.

IV.

1. Qu'est-ce qu'il faut faire avant de faire une mise en plis?
2. De quoi a-t-on besoin pour se maquiller? Pour faire une coupe? Un shampooing? Une manucure?

DANS UNE BOUTIQUE (UN MAGASIN, UN GRAND MAGASIN)

—Vous désirez, Monsieur (Madame, Mademoiselle)?
—Pourriez-vous me montrer _____?
—Quelle est votre taille[1]? (Quelle taille vous faut-il?) Permettez-moi de prendre vos mesures.

le client, la cliente	faire	des courses (*f. pl.*)
	essayer	un vêtement
	mettre	les habits (*m. pl.*)
	porter	
le vêtement	aller bien/mal (à)	la personne
	convenir bien/mal (à)	
	être	long/court
		étroit/large
		d'une couleur (un ton) foncée/claire
	se vendre	en solde (*f.*)
		au rabais

Claudie Boutique
Prêt à Porter Style 20 ans

Centre Commercial
Plein Sud
Galerie Marchande
PEROLS - Tél. 73.01.74

VOCABULAIRE SUPPLÉMENTAIRE

chez un couturier
la haute couture
mettre en vente
prêt-à-porter

sur mesure
d'occasion
confectionner, fabriquer une robe

[1]Pour les tailles voir p. 181.

VÊTEMENTS D'HOMME

VÊTEMENTS POUR LES FEMMES

VÊTEMENTS "UNISEXE"

I. Micro-conversation

A. Est-ce que ces **chaussettes** sont chères?
B. Non, *elles* sont très bon marché.
C. Combien est-ce qu'*elles* coûtent alors?
D. **Quinze francs** la paire en solde.

Substitutions pour **chaussettes**	Substitutions pour **quinze francs**
chaussures	254 F
gants	79 F
pantalon	50 F
moufles	30 F
bas	5 F
pantoufles	43 F
collants	7 F

II. Multi-conversation: Dans un magasin

A. 1. Madame, vous désirez?
   2. Puis-je vous servir, Madame?
   3. Que désirez-vous, Madame?
   4. On peut vous servir, Madame?
B. 1. Pourriez-vous me montrer un imperméable taille 46?
   2. Je veux quelque chose dans ce genre-là - taille 40.
   3. Je voudrais trouver un pullover noir taille 42.
   4. Je cherche un chemisier taille 36.
C. 1. Je regrette mais on n'en a plus.
   2. Le mieux que je puisse faire c'est vous montrer un 38.
   3. Ah, nous avons votre taille, mais pas la couleur que vous désirez.
   4. Nous regrettons de ne pas pouvoir vous servir en ce moment, Madame.

D. 1. Pourriez-vous m'en commander un?
   2. Allez-vous recevoir d'autres?
   3. Croyez-vous qu'on puisse en obtenir un?
   4. Est-ce que vous allez continuer à en recevoir des nouveaux?

E. 1. Je crois que oui. Laissez-moi votre adresse et je vous écrirai.
   2. Bien entendu. Laissez-moi votre numéro de téléphone et je vous appel-lerai.
   3. Peut-être que oui. Revenez dans une huitaine.
   4. J'en doute, mais vous pouvez aller voir à notre magasin du Quartier Latin.

III. Décrivez les habits portés par

1. un joueur de football *(soccer)*
2. un skieur
3. un boxeur
4. un joueur de tennis
5. un professeur
6. un médecin
7. une infirmière
8. un(e) étudiant(e) le jour d'un examen
9. une personne très conformiste
10. votre professeur
11. un(e) camarade de classe

EXERCICES

I.

1. Quelle est la différence entre rafraîchir les cheveux et couper les cheveux?
2. A quoi sert:
   a. un séchoir
   b. un rasoir
   c. les ciseaux
   d. les bigoudis
3. Dans quoi se spécialise une esthéticienne?
4. Décrivez vos cheveux; ceux de votre professeur; de votre voisin(e).
5. Imaginez que vous expliquez à votre coiffeur comment couper vos cheveux: que diriez-vous?
6. Pourquoi un homme (une femme) va-t-il (elle) chez le coiffeur?
7. Expliquez pourquoi vous allez toujours (vous n'allez jamais) chez un coiffeur.
8. Que pensez-vous d'un homme qui porte une barbe? Une moustache?

II. Répondez aux questions en employant les choix donnés dans l'exemple ou en ajoutant une réponse originale.

Exemple: Comment choisissez-vous les habits que vous portez chaque jour?
   Cela dépend de: a. mon humeur quand je me lève
                     b. du temps que j'ai pour m'habiller avant de partir
                     c. ce que je vais faire ce jour-là
                     d. la personne avec qui je sors
                     e. l'endroit où je vais ce jour-là

1. Est-ce qu'il faut beaucoup de temps pour confectionner un vêtement?
2. Achetez-vous des vêtements d'occasion?
3. Quelle sorte d'habits portez-vous pour une soirée? Pour une interview?

4. Faites-vous beaucoup d'attention à votre apparence personnelle?
5. Est-ce que vos parents aiment les habits que vous portez?
6. Croyez-vous que les apparences extérieures soient importantes?
7. Est-ce que vous essayez de mettre chaque jour de différents habits?
8. Pour qui est-ce que vous vous habillez?

III.

1. Décrivez les vêtements que vous portez en ce moment et dites pourquoi vous vous les êtes mis aujourd'hui.
2. Décrivez votre coiffure. Avez-vous des idées pour la changer?

IV. Expliquez ce que vous feriez pour résoudre ces problèmes.

1. Vous êtes invité(e) à une surprise-partie et vous n'avez rien à mettre.
2. Vos parents veulent que vous vous fassiez faire une coupe parce que ça fait déjà six mois que vous laissez pousser les cheveux.
3. Danielle vient de se faire couper très court ses cheveux–mais avant d'avoir découvert que son fiancé les préfère longs.
4. Vous êtes allé(e) chez le coiffeur pour vous faire teindre les cheveux et êtes sorti(e) avec les cheveux violets.

V. Imaginez que vous êtes le client dans cette conversation.

Client:
Coiffeur: Vous les voulez très courts?
Client:
Coiffeur: De quel côté préférez-vous la raie?
Client:
Coiffeur: N'ayez pas peur. Notre service est excellent. Voulez-vous que je vous rase le cou?
Client:
Coiffeur: *(Quelques minutes après)* Voilà, Monsieur. Voudriez-vous vous regarder dans le miroir? Est-ce que votre cravate était rouge quand vous vous êtes assis?
Client:
Coiffeur: Oh, zut alors! Je regrette infiniment! Je vous ai coupé un peu la gorge!

VI.

1. Essayez de formuler votre propre conversation entre un(e) coiffeur (-euse) et son(sa) client(e).
2. Essayez de formuler votre propre conversation avec un(e) vendeur(-euse) dans un magasin. Employez les expressions appropriées de l'Appendice A pour exprimer vos réactions.

La Menace sur votre tête

La jeune femme qui entre dans le cabinet du docteur X., spécialiste du cuir chevelu, a de merveilleux cheveux blonds, épais, ondulés. Pourtant, son visage est ravagé d'inquiétude. Et. . . quand elle retire sa perruque, on aperçoit une *chevelure* déjà clairsemée.

les cheveux

Elle sort de son sac un petit paquet contenant une *poignée* de cheveux em-   handful
mêlés:

—Docteur, voilà ce que je perds chaque jour! Et le pire: mes cheveux tom-
bent par devant, comme ceux de mon mari!

Le médecin l'interroge:

—J'ai trente-cinq ans. Je dirige une petite entreprise de vêtements, qui me   angoisse
cause bien du *souci*.

L'examen le confirme: cette jeune femme présente une *diminution* de type   réduction
masculin, sur le sommet, les tempes, plus visible que ceux de type féminin,
répartis sur toute la chevelure. Le médecin explique:

—Cela n'a rien d'étonnant. Vous avez les mêmes soucis que votre mari. A
vie d'homme, réactions d'homme. Votre tension nerveuse *retentit* sur l'état de   a un effet
vos cheveux. Elle peut aussi dérégler votre système hormonal, qui influence
également la chevelure—dans un sens «virilisant». Et le port continuel d'une
perruque n'*arrange* rien!   répare

Depuis quelques années, les spécialistes du cuir chevelu constatent un nombre
croissant de *chutes* de cheveux chez les femmes jeunes. A ces chutes, ils découvrent   grandissant/action de tomber
des causes nouvelles qui, parfois, les *rapprochent* des causes des chutes masculines.   approchent, joignent

Extrait d'un article de Marie-Claire *par Josette Lyon*

QUESTIONS

1. Pour quelle raison la jeune femme vient-elle chez le médecin?
2. Quelle surprise a-t-elle faite au médecin?
3. Après avoir examiné la patiente, qu'est-ce que le docteur a confirmé?
4. Quel diagnostic lui a-t-il donné? Comment l'a-t-il expliqué?
5. Quelle est la différence entre la diminution masculine des cheveux et la diminution féminine des cheveux?
6. Quel rôle la tension nerveuse joue-t-elle dans ce diagnostic?

A VOUS LA PAROLE

1. «Si l'on vit comme un homme, on a les mêmes problèmes qu'un homme.» Croyez-vous que cette phrase exprime la vérité?
2. Etes-vous d'accord avec l'opinion de ce médicin? Pourquoi oui ou pourquoi non?

Maquillage pour Hommes

Le maquillage pour hommes apparaît avec *fracas* dans la magazine britannique *Harper's* qui, sous le titre «Pour la première fois», publie la photo d'un beau visage mâle—paupières *ourlées* d'eye-liner et longs cils ombrés de rimmel. Avec malice, dans le *mensuel* français *20 Ans* qui *met en scène* un charmant *tableautin*: un jeune couple *s'apprête* pour une sortie nocturne—il brosse les cheveux de sa compagne, elle farde son ami, un peu de rimmel par-ci, un petit coup de blush par-là.

    Révolution? Certes non. D'abord parce que le maquillage masculin a existé bien avant notre siècle, dans des sociétés raffinées aussi bien que primitives. Ensuite, et surtout, parce que ce n'est pas encore demain que l'on verra M. Dupont venir faire son tiercé[1] la paupière bleue, ou M. Durand s'asseoir à son bureau les lèvres rouges et le visage poudré. D'ailleurs, de nombreuses femmes interrogées par *Le Point* se sont montrées résolument hostiles à cette idée: peuple latin, les Français ont de la virilité une opinion traditionnelle qui *s'accommode* mal d'artifices aussi apparents et sexuellement marqués. Virilité, sous-entendu *sobriété*. La preuve: un *coffret* de maquillage pour hommes mis en vente au mois de septembre dans les grands magasins s'est mal vendu, alors qu'il a eu en Angleterre un très joli succès dans l'opinion des jeunes gens «in». Comme chacun sait, chez nous, ces extravagances ne peuvent appartenir qu'à des *minets* du *spectacle* et de la mode.

bruit violent, éclat

bordées
une fois par mois/présente/petit tableau
se prépare

revue hebdomadaire comme *Time*,
  Newsweek
admet, accepte
simple, sans ornements/petite boîte

petits jeunes hommes très à la mode/
  du théâtre, du cinéma

[1] Pari mutuel où l'on parie sur les trois premiers chevaux dans une course.

Aujourd'hui, le bon goût est original.

Yardley Original *After Shave*

Yardley Original *Shaving Bowl*

YARDLEY SHAVING SOAP

Sans doute. Mais les petites *tricheries* gagnent du terrain. Un pharmacien du *8*ᵉ *arrondissement* remarque: «Je vends de plus en plus de gels bronzants pour les hommes, ainsi que du gloss protecteur pour les lèvres et des crèmes nourrissantes.»

La maison Carita[1], qui tient un salon de beauté pour les hommes, révèle qu'en huit ans la clientèle masculine est passée de 5 pour cent à 40 pour cent. «Le premier jour, ils sont un peu *gênés*. Mais ensuite, ils semblent très à l'aise. Ils commencent par un nettoyage de peau. Puis, de plus en plus, certains se font teindre les cils et les sourcils et même légèrement épiler», déclare Suzanne Dulac, directrice chez Carita.

Entre ces «soins» et le maquillage, la frontière est bien mince. Et est-ce que cette frontière sera bientôt *franchie?* C'est une tout autre histoire. Mais sur un terrain aussi mouvant, il *convient de* se montrer prudent dans les pronostics. Parlant de ses clients, Mme Dulac explique: «Ce que veulent les hommes qui viennent chez nous, c'est avoir l'air jeune et *sain*.» En se maquillant, les femmes ne cherchent souvent guère autre chose.

Extrait d'un article de Le Point *par Catherine Pierre.*

> choses qui ne respectent pas certaines conventions
> section de Paris—une des plus snobs
>
> embarrassés
>
> traversée, passée
> vaut mieux
>
> en bonne santé, vigoureux

QUESTIONS

1. Comment est-ce que les Français ont réagi à cette idée de maquillage pour hommes?
2. Est-ce que le maquillage masculin est quelque chose de nouveau?
3. Qu'est-ce que c'est qu'un minet?
4. Quelle opinion les Français et les Françaises ont-ils de la virilité?
5. Quel rôle le maquillage joue-t-il dans cette idée française de la virilité? Quelle preuvre est offerte?
6. Pourquoi l'auteur dit-elle que les petites tricheries gagnent du terrain?
7. Quels traitements les hommes demandent-ils chez Carita?

A VOUS LA PAROLE

1. Selon votre opinion, à quoi sert le maquillage? Pour les femmes? Pour les hommes?
2. Croyez-vous que cette frontière (dont parle l'auteur) soit jamais franchie? Pourquoi?
3. Est-ce que le maquillage pour hommes a une place dans la société américaine?

TRISTAN ET LES SOLDES

Le commerce a réussi à nous imposer entre les saisons des intersaisons dites «des soldes», ayant aujourd'hui toutes les apparences de phénomènes naturels.

Suivant les stratégies publicitaires, les soldes se présentent différemment. Certain *boutiquiers* couvrent de blanc les glaces de leurs vitrines et donnent ainsi à penser que derrière cette vitrine opaque *se traitent* des affaires si sensationnelles que tous les passants ne sauraient en *supporter* la vue!

> personne qui tient un petit commerce
>
> *(péjoratif)*
>
> se négocient
> tolérer

[1] La maison Carita est une des plus connues et se trouve dans l'un des quartiers les plus chics de Paris.

D'autres, au moyen de *panneaux,* donnent les prix normaux barrés de rouge et à côté les prix soldes; «Super-soldes», «Hyper-soldes», *«Coup de balai* général», «Liquidation totale». Cela pourrait faire croire aux naïfs que le marchand, désireux de *se débarrasser* de sa marchandise leur donnera celle-ci pour rien.

large signs
clearance

se libérer

Tout observateur peut remarquer que la marchandise qu'on voit en période de soldes dans les vitrines ne retiendrait pas l'attention en temps ordinaire. On se demande même comment tel «habilleur[1]» des beaux quartiers peut *détenir* de pareils vestons et d'aussi curieux pantalons en *fibranne* imitation tweed. . .

garder en sa possession
textile artificiel

C'est à croire qu'il existe quelque part en France des *fabriques* de vêtements, de chaussures et d'objets de soldes. On imagine des stylistes pervers, forçant leur talent pour réaliser des modèles spécialement laids *afin de* fournir aux «soldeurs» des stocks à bon marché, qu'ils vendront juste un peu moins cher que la meilleure qualité.

usines

pour

Mais l'important en période de soldes, c'est d'acheter. On ne choisit pas la marchandise, on choisit le prix sans toujours faire les comparaisons desquelles il apparaît souvent que le bon marché coûte cher!

Ainsi ai-je rencontré, les bras chargés de paquets, mon ami Tristan, un bon jeune homme très soigné de sa personne qui passe une demi-heure chaque matin à choisir sa cravate:

«Je viens, m'a-t-il dit, de faire les soldes de chez Boboli. J'ai trouvé un petit pull cachemire pour 280 francs. Bien sûr, il est gris et je l'aurais préféré bleu; il a un *décolleté en pointe* et je l'aurais mieux aimé à col *roulé* et il aurait été plus *sobre* évidemment sans cette petite poche de poitrine où l'on ne peut rien mettre. Mais enfin, quelle affaire, hein, moitié prix, mon vieux! Et je pourrai le mettre en week-end, dès que j'aurai maigri un peu, parce qu'il ne restait que du 40 et que je porte habituellement du 44!»

v-neck/rolled/**simple**

Extrait d'un article de Le Monde *par Maurice Denuzière*

QUESTIONS

1. Qu'est-ce que c'est qu'un solde?
2. D'après l'auteur, comment les soldes se présentent-ils en France?
3. Comment la marchandise en période de soldes diffère-t-elle de la marchandise en temps ordinaire?

[1]Qui vend des habits, chez qui les gens chics viennent acheter leurs vêtements

4. Racontez l'histoire de Tristan.
5. Pourquoi Tristan est-il content de ce qu'il a acheté?
6. Pourquoi l'auteur a-t-il raconté l'histoire de Tristan?

A VOUS LA PAROLE

1. Quelles sont les stratégies employées par les commerçants américains en période de soldes?
2. Pourquoi peut-on se faire duper en achetant pendant une période de soldes?
3. «Nous sommes tous des ‹pigeons› quand il s'agit des soldes, et les commerçants en profitent.» Etes-vous d'accord avec l'idée exprimée dans cette phrase? Expliquez.
4. Quelle est la meilleure affaire que vous ayez jamais faite en achetant quelque chose en solde?

EN jEANS AU bUREAU?

Y aurait-il aujourd'hui un problème du vêtement au *sein* des entreprises? Les *cadres* masculins en auraient-ils assez de porter un «*déguisement*» de bureau? Y a-t-il ailleurs des limites à la liberté dans ce domaine—par discipline imposée ou par autocensure? Irons-nous tous, un jour, en jeans au bureau?

coeur/membres de direction ou de contrôle dans une entreprise
habit qui masque l'apparence

Pour en savoir plus, j'ai délibérément amené la conversation sur le sujet vêtement avec tous les cadres que je rencontrais. Voici les réactions les plus significatives.

YVES D. (30 ans, *adjoint* du directeur des relations publiques d'une industrie lourde)

assistant

«Personne ne m'a jamais parlé de cette question, ni donné de règles à suivre. Mais il y a l'ambiance, un climat. Je veux dire que si une réunion importante avait lieu, mon patron hésiterait sans doute à m'y faire participer si je venais sans cravate. Il penserait qu'un collaborateur sans cravate ne peut pas être pris absolument au sérieux, qu'il n'est pas vraiment à l'image de la maison.

«De plus, je suis déjà relativement jeune dans un milieu nettement plus âgé, alors la rigueur dans la *tenue* vous aide à *faire le poids*. Dans les affaires, en France, j'ai compris que l'habit faisait encore le moine[1]. Mettez un costume sombre, vous serez considéré.»

vêtements/ être en mesure de remplir un rôle

PIERRE-JEAN S.   (38 ans, *P.D.G.* d'une *maison d'édition*)

Président, Directeur-Général/ entreprise commerciale de publication

«Mes cadres venir au bureau en jeans? Ce n'est sûrement pas pour demain, même si je leur disais: «Venez dans la tenue qui vous plaît.» Ils ont trop l'impression d'être jugés sur les apparences. Même chez les jeunes ils veulent donner l'image d'*outils efficaces* et commencent par le vêtement.

instruments qui produisent l'effet attendu

«Changer de peau n'est pas si facile d'ailleurs. Cet été, j'avais une réunion importante avec des *syndicalistes* de mon entreprise. Il faisait chaud, je m'étais mis

représentants des syndicats

---

[1] Clothes make the man.

en *décontracté,* manches de chemises, *col* ouvert. Quand mes interlocuteurs sont arrivés, ils étaient tous en costume sobre et cravate.»

casual clothes (fam.) / *collar*

CHRISTOPHE V.   (29 ans, chef de produit dans une agence de publicité)

«Pourquoi me parlez-vous du vêtement? Parce que je vous étonne avec mes vieux jeans, ma chemise qui vient des *puces* et mon gilet de *cuir?*

flea market/leather

«Je sais bien que ma tenue *agace* pas mal de gens dans cette maison. On voudrait que je porte un costume, que je ressemble aux autres, que je cesse de faire désordre, d'être l'anomalie de la maison. Mais comme mon salaire ne me permet pas de m'habiller chez Saint-Laurent, je me trouve plus confortable en jeans.

irrite, énerve

«Des inconvénients, il y en a c'est sûr. Pendant près de trois ans, le patron m'a pris pour un *coursier,* et mon chef direct a hésité à *me confier* certains budgets, dans la mode et les produits de beauté, par exemple. L'autre jour je devais défendre une campagne importante devant le *conseil de direction,* d'une grande firme automobile, tous habillés en P.D.G. comme il faut. Ils ont été étonnés pendant cinq minutes et lorsqu'on a attaqué le *fond* de la discussion, tout le monde a oublié mes jeans, n'a fait attention qu'à mes arguments.»

qui fait des courses pour une entreprise/laisser à mes soins

groupe chargé d'administration d'une entreprise

essentiel

Extrait d'un article de Réalités *par Edouard Debray*

QUESTIONS

1. Qu'est-ce que c'est qu'un cadre?
2. Comment imaginez-vous l'apparence d'Yves D. à son bureau? Pourquoi s'habille-t-il comme ça?
3. Quels sont les sentiments du P.D.G. Pierre-Jean? Quel rapport son attitude a-t-elle avec l'opinion du jeune adjoint du directeur?
4. Comment expliqueriez-vous la différence d'habit des représentants des ouvriers et du P.D.G. à cette réunion?
5. Décrivez la tenue de Christophe V. Comparez la sienne avec celle d'Yves D.
6. Quels inconvénients Christophe a-t-il rencontrés à cause de son vêtement au bureau?

A VOUS LA PAROLE

1. «La plupart des hommes (femmes) que je connais s'occupe de leur manière de s'habiller.» En ce qui concerne les gens que vous connaissez, est-ce vrai? Quelle sorte de vêtements est-ce qu'ils portent d'habitude?

2. Pensez-vous que les vêtements soient un moyen très important pour exprimer la personnalité? Expliquez votre réponse.
3. Est-ce que vous attachez une grande importance aux habits? Pourquoi ou pourquoi pas?
4. Si vous travailliez dans une entreprise (dans une usine, à un bureau de l'université), comment vous habilleriez-vous?

LA BEAUTÉCRATIE

«Mieux vaut être beau et *bien portant* que *moche* et malade», disait depuis longtemps la *sagesse* populaire.

La discrimination esthétique commence dès l'*école maternelle*. Interrogés par deux chercheurs de l'université sur ceux de leurs camarades qu'ils préféraient, les enfants de toute une classe donnèrent, à une *écrasante* majorité, les plus hauts *indices* de popularité à ceux qui étaient jugés les plus beaux par les adultes.

Tout au long des études, les notes obtenues, l'appréciation du professeur sont, selon les chercheurs, largement fonction du *physique*. Pour le vérifier, ils firent remettre à quatre cents enseignants un même *livret scolaire, assorti* de photos différentes, en leur demandant un pronostic sur l'évolution du propriétaire. Son visage était beau? Dans l'ensemble, les professeurs montrèrent un *Q.I.* très honorable, d'excellentes relations avec ses camarades, ils le virent *soutenu* par ses parents et se sortant bientôt de la médiocrité. On *tenta* la même *expérience* avec un devoir écrit. A qualité égale, la copie accompagnée de la photo la plus *séduisante* obtenait la meilleure note.

On ne peut même se consoler en se disant que les goûts varient: chargés de classer par ordre de préférence douze photos de femmes, quatre mille lecteurs d'un grand journal de province donnèrent des réponses pratiquement identiques. Que cela nous plaise ou non, nous vivons dans une «beautécratie».

Extrait d'un article de Nouvel Observateur *par Catherine Dreyfus*

---

en bonne santé/laid *(fam.)*
proverbe
preschool

énorme *(fig.)*
marques

apparence
report card/accompagné

quotient d'intelligence
aidé
essaya/experiment
charmante

QUESTIONS

1. Comment a-t-on été jugé le plus populaire dans cette école maternelle?
2. Quelle sorte de pronostic a été donné par les professeurs?
3. Dans les jugements sur d'autres personnes, quel rôle le goût joue-t-il?
4. Que veut dire le terme «beautécratie»?
5. En quoi consiste la discrimination esthétique?

A VOUS LA PAROLE

1. «Mieux vaut être beau et bien portant que moche et malade.» Quelle est votre interprétation de cette sagesse populaire? Y a-t-il de la vérité là-dedans?
2. Que pensez-vous des expériences des chercheurs?
3. Expliquez votre idéal de la beauté masculine et féminine.
4. Croyez-vous que la discrimination esthétique existe dans nos écoles? A cette université? Expliquez vos réponses.

SUJETS DE DISCUSSIONS

1. Essayez de convaincre un ami de se farder.
2. Défendez ou critiquez l'idée «À vie d'hommes réactions d'hommes».
3. Il peut arriver que les gens d'une génération réagissent fortement quand il s'agit des habits portés par une autre génération. Mentionnez les choses qu'ils peuvent désapprouver et donnez des exemples de ce qu'ils peuvent en dire.
4. Pour réussir dans la vie, il faut avoir un physique séduisant. (pour ou contre)
5. Il n'y a que les filles qui sont jugées sur leur physique. (d'accord ou ne pas d'accord)
6. Il est toujours vrai que l'habit fait le moine. (pour ou contre)
7. Imposer des règles pour s'habiller, c'est contre la liberté personnelle. (pour ou contre)

CHAPITRE

LE VOYAGE ET LES MOYENS DE TRANSPORT

L'ESSENTIEL

DANS LA RUE

un piéton, une piétonne

descendre
monter
traverser
se promener (sur)
marcher (sur)
flâner (sur)

la rue
le trottoir
la chaussée
la route
le boulevard

chercher
demander
indiquer
perdre

l'adresse *(f.)*
le chemin

se perdre, s'égarer

DANS UNE VOITURE

le conducteur, la con- ductrice	aller rouler	en voiture
	passer	le permis de conduire
	prendre	une assurance
	démarrer conduire accélérer/ralentir freiner garer, stationner	la voiture
	dépasser, doubler rattraper	une autre voiture un camion
	déraper klaxonner	
	prendre	un auto-stoppeur
	avoir	un accident une panne une crevaison
l'agent (m.) de police, le flic (fam.) le gendarme	donner dresser	la contravention
le C.R.S.[1]	diriger	la circulation, le trafic
	s'occuper (de)	l'embouteillage (m.)

VOCABULAIRE SUPPLÉMENTAIRE

le tableau de bord	la pompe à essence
le réservoir	le volant
le compteur	

PRINCIPAUTE DE MONACO

PARKING

ARRIVEE   DEPART

14 MAI 78

TARIF "DEMI-JOURNEE"

Lors du parcage du véhicule ce ticket
doit être placé de façon apparente

N° 002936   1978

[1]Un agent de police = le policier municipal; un gendarme dépend de l'armée et du ministère de la Défense; un C.R.S. = membre de la Compagnie républicaine de sécurité, qui dépend du ministère de l'Intérieur

I.

1. Que fait un piéton?
2. A quoi un trottoir sert-il?
3. A qui demandez-vous votre chemin si vous vous égarez?
4. Qui donne des contraventions? En avez-vous jamais reçu une? Pourquoi?
5. Vous êtes conducteur(-trice). Décrivez ce que vous faites du moment où vous démarrez jusqu'à l'heure où vous arrivez à votre destination.
6. Qu'est-ce qu'une crevaison? En avez-vous jamais subi une?
7. Pourquoi a-t-on besoin d'un permis de conduire? et d'une assurance?
8. Qu'est-ce qu'il faut faire pour obtenir un permis de conduire aux Etats-Unis?
9. Pourquoi un conducteur double-t-il une autre voiture?
10. Décrivez une voiture que vous voudriez acheter.

II. Multi-conversation: Comment trouver votre chemin

A. 1. Excusez-moi, Madame. Pourriez-vous me dire comment arriver à la gare?
   2. Pardon, Madame. Sauriez-vous où se trouve la rue Saint-Roch?
   3. Excusez-moi, Madame, mais j'essaie de trouver la place de la Comédie.

B. 1. Descendez cette rue et tournez à droite au premier feu rouge *(stoplight)*.
   2. Tournez à gauche aux P. et T. et puis prenez la deuxième rue à votre gauche.
   3. Prenez la première rue à droite, puis la troisième rue à gauche. Vous ne pouvez pas la manquer.

C. 1. C'est loin d'ici?
   2. Est-ce trop loin pour y aller à pied?
   3. Ça me prendra beaucoup de temps pour y arriver?

D. 1. Non, ce n'est pas loin d'ici.
   2. Non, c'est à dix minutes d'ici.
   3. Non, ce n'est qu'à dix minutes d'ici.

E. 1. Je vous remercie beaucoup, Madame.
   2. Merci beaucoup, Madame.
   3. Merci, Madame, c'est très aimable à vous.

F. 1. De rien, Monsieur.
   2. Il n'y a pas de quoi, Monsieur.
   3. Je vous en prie, Monsieur.

LES PANNEAUX DE LA ROUTE (la vitesse maximum; un excès de vitesse)

Les signaux de danger

route glissante

virage à droite

stop à 150 mètres

Les indications utiles

parking à 500 mètres

Les ronds bleus: signaux d'obligation

sens obligatoire

rouler au moins à la vitesse indiquée

Les ronds rouges (signaux d'interdiction)

vitesse à ne pas dépasser

sens interdit (interdiction de passer)

DANS LE TRAIN

le voyageur, la voyageuse

prendre	le train
acheter, prendre payer confirmer annuler	un billet (simple) de première classe de seconde classe
	un aller-retour un aller simple un retour
faire	une réservation (à l'avance)
louer	une couchette
retenir, réserver	une place
changer (de)	train
monter (dans) descendre (de) manquer	le train (le wagon) l'express (m.), le rapide l'omnibus (m.)

S.N.C.F. GARE BORDEAUX SAINT-JEAN
Relais Toilette

W. C.

✳ 093139

DANS UN AVION

l'avion (*m.*) à réaction,
  le jet (*fam.*)

             décoller (de)   la piste
             atterrir (sur)   le terrain d'atterrissage

un passager, une
  passagère   aller   en avion

             faire enregistrer   les bagages (*m. pl.*)
             faire peser

             attendre (dans)   la salle d'attente

             embarquer, monter à
               bord (de)   l'avion

             attacher / détacher   la ceinture de sécurité

VOCABULAIRE SUPPLÉMENTAIRE

la compagnie aérienne   le steward
le vol (direct)   le pilote, le co-pilote
l'hôtesse (*f.*) de l'air

LA DOUANE

le touriste, la touriste   se présenter (à)   la douane
                      passer (à)

                  montrer   le passeport
                                 le visa
                               la carte d'identité

                  déclarer   les achats (*m. pl.*)

                  payer   des droits (*m. pl.*)

le douanier   fouiller   les valises (*f. pl.*)

                  confisquer   la contrebande (à qqn)

I.

1. Pour faire un voyage par le train (ou en avion), qu'est-ce qu'il faut faire?
2. Qu'est-ce que c'est qu'un billet aller-retour?
3. Pourquoi loue-t-on une couchette?
4. Quelle est la différence entre un train rapide et un train omnibus?
5. Regardez l'horaire du train. A quelles heures les trains partent-ils pour Marseille? Ça prend combien de temps pour aller de Paris à Marseille?
6. Pourquoi faut-il peser les bagages pour un voyage en avion?
7. A quoi une ceinture de sécurité sert-elle?
8. Quels documents doit-on présenter à la douane?
9. Pourquoi un douanier fouille-t-il les valises?
10. En quoi la contrebande consiste-t-elle?

✕	✕	✕	✕	TEE	✕	✕		36 6t12	32	33	34	31		✕
6 45	7 45	9 25	10 05	13 20	14 30	17 00	PARIS-Gare de Lyon	6t12	6 26	6 44	7 45	8 24	8 27	13 30
9 04	10 09	11 46	12 26	15 39	16 52	19 21	DIJON		3 19	3 34	4 29	5 24	5 27	11 07
10 33	11 45	13 31	14 00	17 07	18 40	20 51	LYON-Perrache	1 10	1 16			3 21	3 31	9 26
11 30	12 45	14 43	15 01	18 02	19 40	21 49	VALENCE			0 17				8 22
12 29	13 47	15 55	16 04	19 00	20 39	22 55	AVIGNON	22 51	22 54	23 03				7 12
13 30	14 50	17 02	17 06	19 59	21 43	0 10	MARSEILLE	21 42	21 39	21 51	22 35	23h30	23 53	6 00
	16a05	18 08	17 54	20 49	22 35		TOULON	20 50	20 45	20 18		22 48	23 06	
	18a07	20 18	19 55	22 25	0 12		NICE	18 41	18 24			20 45	21 15	

TEE		✕	31	32	33	34	35		TEE	✕		✕		✕	TEE	
17 37	20 42	20 45	21 46	22 21	22 30	22s57		PARIS-Gare de Lyon	13 44	16 51	18 58	19 39	21 50	22 16	23 35	
	23 47	23 50		1 34	1 43	2 25		DIJON		14 24	16 33	17 05	19 18	19 56	21 13	
21 20		1 48	2 43	3 37		4 15		LYON-Perrache	9 58	12 50	15 01	15 37	17 46	18 30	19 46	
22 15								VALENCE	9 03	11 44	14 01		16 46	17 34	18 51	
23 13		5 03	5 58	6 10	6 30			AVIGNON	8 07	10 42	13 00	13 13	15 45	16 35	17 53	
0 13	5 15	5b32	6 20	7 25	7 45	7 48		MARSEILLE	7 10	9 37		12 03	14 41	15 35	16 54	
	6 10	6 15	7 21	8 34		8 40		TOULON	01	8 48	11 09	10 57	13 48	14 49		
	8 07	8 20	9 40			10 31		NICE		7 10	9 40	8 55	12 05	13 15		

(a) Toulon 15 h 36. Nice 17 h 20 certains jours
(b) Marseille Blancarde

(c) Paris-Nord

6 00	6 20	8 00	9 08	10 53	13 44	15 17	MARSEILLE	6 58	✕ 7 43	8 46	9 28	11 50	13 10	TEE 14 31
6 44	7 11	8 40	10 06	11 33	14 25	16 05	TOULON	6 01	6 54	8 06	8 48	11 09	12 22	13 54
8 36	9 13	10 31		13 37	16 14	18 07	NICE★			6 15	7 10	9 10	10 20	12 19

✕ 17 14	TEE 17 54	18 30	19 25	TEE 20 11	21 57	0 18	MARSEILLE	TEE 15 28	19 05	20 15	22 19	22 53	23 26	0 29
17 54	18 31	19 18	20 05	20 49	22 35	1 14	TOULON	14 49	19 36	21 39	22 43	23 49		
19 55	20 00		22 10	22 25	0 12		NICE	13 15	16 20	18 00	19 34	20 05	20 30	21 54

VOYAGEZ SANS FATIGUE AVEC VOTRE AUTO
UTILISEZ LES TRAINS AUTOS COUCHETTES

l'horaire (m.)

II. Imaginez des réponses convenables aux questions suivantes. Puis, refaites vos réponses en vous servant de l'expression **aussitôt que**.

Exemples: Qu'est-ce que vous avez fait après avoir demandé des renseignements?
Après avoir demandé des renseignements, j'ai payé mon billet.
Aussitôt que j'ai eu demandé des renseignements, j'ai payé mon billet.

Qu'est-ce que vous avez fait

1. après avoir fait la valise?
2. après avoir fait enregistrer les bagages?
3. après avoir cherché la salle d'attente?
4. après avoir atterri à Nice?
5. après avoir montré votre passeport au douanier?
6. après être passé(e) à la douane?
7. après avoir pris un aller simple?

EXERCICES

I. Expliquez la différence entre les mots suivants et puis employez-les dans des phrases originales.

1. un conducteur et un voyageur
2. le trottoir et la chaussée
3. un avion et un avion à réaction
4. démarrer et dépasser
5. la circulation et l'embouteillage
6. un billet de première classe et un billet de seconde classe
7. une panne et un accident

II.

1. Quel est votre moyen de transport préféré? Expliquez votre réponse.
2. Quand vous allez en vacances, quel moyen de transport employez-vous (ou préférez-vous employer)?
3. Que pensez-vous du système des transports publics où vous habitez en ce moment? Est-il bien développé, bon marché, efficace, etc.?
4. Quels sont les avantages d'une petite voiture? Est-elle facile à conduire, économique, etc.? Quels sont les désavantages d'une petite voiture?
5. Si une voiture roule devant vous à la même vitesse (ou plus vite encore), vous croyez-vous obligé de la doubler? Expliquez.
6. Décrivez votre voiture. Est-ce qu'on peut dire qui vous êtes à cause de la voiture que vous possédez? Expliquez.

III. Regardez les photos des deux voitures. Laquelle préférez-vous et pourquoi? Discutez le style, le confort, le prix, la valeur, etc.

IV. Avec un(e) camarade de classe, imaginez une conversation entre:

1. un conducteur ou une conductrice et un agent de police
2. un douanier et un voyageur ou une voyageuse
3. un(e) Américain(e) et un(e) Français(e) qui partagent un wagon-lit

Accident au cours de l'examen du permis de conduire

Le 10 février, une jeune fille de vingt ans subissait l'examen du permis de conduire *à bord de* la voiture de son moniteur. L'inspecteur examinateur, qui était à son côté, avait eu la mauvaise idée de *déposer,* sur le tableau de bord, le volumineux dossier contenant les *fiches* de tous les candidats du jour. Au démarrage, après un stop, le dossier glissa et tomba sur les genoux de la jeune candidate qui *lâcha* la pédale! La voiture alla s'écraser contre un mur.

Le moniteur, estimant que la faute initiale *incombait* à l'examinateur, demanda réparation au ministère de l'Equipement qui mit quatre mois pour lui répondre. Le moniteur déposa une *requête* au tribunal administratif de Poitiers pour réclamer la somme de 5.598 F, *montant* des réparations effectuées sur la voiture. Le tribunal a admis l'entière responsabilité de l'examinateur, qui n'avait pas à déposer le dossier sur le tableau de bord. La chute étant bien à l'origine de l'accident.

Sur les circonstances mêmes de l'accident, le tribunal estime, en plus, que l'examinateur, qui *disposait* de la *double commande,* aurait pu stopper la voiture avant le choc, *alors qu'*il admet l'inexpérience de la candidate. L'Etat est condamné à payer les *dégâts.* L'élève a tout de même obtenu le permis avec le même examinateur, mais au cours d'un autre examen.

Extrait d'un article du Figaro

dans	
mettre	
cards	
laissa échapper	
appartenait	
demande par écrit	
prix total	
avait à sa disposition/dual controls	
pendant que	
destructions	

QUESTIONS

1. Décrivez ce qui s'est passé pendant l'examen du permis de conduire de cette jeune fille.
2. Pourquoi le moniteur a-t-il demandé réparation?
3. Qu'est-ce que le tribunal de Poitiers a décidé?
4. Selon le tribunal, qu'est-ce que l'examinateur aurait pu faire?
5. La jeune fille, a-t-elle eu son permis de conduire?

A VOUS LA PAROLE

1. Si vous aviez été la fille, quels sentiments auriez-vous éprouvés au cours du deuxième examen? Expliquez votre réponse.
2. Décrivez votre examen du permis de conduire.
3. Décrivez un accident dont vous avez été témoin.

POUR PRENDRE L'HABITUDE de bien conduire

Pour vous aider à prendre l'habitude de bien conduire, il suffit de vous poser souvent les six questions suivantes:

1. Suis-je en forme?
2. Ma voiture est-elle en bon état?
3. Est-ce que je roule à la vitesse convenable?
4. Est-ce que je suis bien placé(e) sur la chaussée?
5. Est-ce que je ne risque pas d'être surpris(e) par un autre conducteur, ou un piéton?
6. Est-ce que je ne risque pas de surprendre un piéton ou un autre conducteur?

En prenant l'habitude de bien conduire, vous diminuerez les risques d'accident et vous profiterez mieux de tous les avantages et du plaisir qu'une voiture peut vous offrir.

Par contre, si vous ne conduisez pas bien, vous risquez la suspension de votre permis de conduire. Il faut connaître les principaux cas de suspension du permis de conduire. Votre permis peut être retiré:

1. si vous roulez à gauche sans raison sur une *chaussée à double sens*   two-way street
2. si vous *franchissez* une ligne blanche (ou jaune) infranchissable   **traversez**
3. si vous changez de direction sans précaution et sans avertir avec le *clignotant*   turn signal
4. si vous roulez à une vitesse excessive ou supérieure aux limites obligatoires
5. si vous dépassez sans précaution
6. si vous accélérez quand vous êtes dépassé(e)
7. si vous vous arrêtez ou stationnez de façon dangereuse
8. si vous ne marquez pas l'arrêt au 'stop' ou si vous ne vous arrêtez pas au *feu rouge*   stoplight

9. si vous ne cédez pas le passage à un conducteur prioritaire[1]
10. si vous refusez de vous arrêter quand un gendarme ou un agent le demande
11. si vous ne vous arrêtez pas après un accident
12. si vous conduisez avec une alcoolémie[2] trop élevée

Si vous faites de votre mieux pour tenir compte de ces six questions et aussi des douze cas de suspension du permis de conduire, vous allez prendre les habitudes qui font le vrai bon conducteur.

Adapté du Permis de conduire *et* Le Code de la route *(1974)*

QUESTIONS

1. Expliquez ce que veut dire une voiture en bon état.
2. Quels sont les cas de suspension du permis de conduire en France?
3. Qu'est-ce que c'est que l'alcoolémie?
4. Pourquoi est-il important de conduire bien?
5. Comment peut-on être surpris par un autre conducteur? par un piéton?
6. Quels sont les habitudes qui font le bon conducteur?

A VOUS LA PAROLE

1. A votre avis, qu'est-ce qu'il faut faire pour être bon conducteur?
2. A votre avis, qu'est-ce qu'une vitesse excessive? Est-il nécessaire de contrôler la vitesse?
3. Pourquoi un conducteur refuserait-il de s'arrêter si un agent de police le lui demandait?
4. En voyageant, vous avez perdu le contrôle de votre voiture à cause du mauvais état de la chaussée. En fait, ce qui est arrivé c'est que _____ .
5. Une jeune fille a entrepris un voyage pour aller de Caroline du nord en Floride (d'Oregon en Californie; du Minnesota au Texas) sans avoir fait réviser sa voiture et _____ .
6. Comment pourrait-on persuader un(e) ami(e) qui a trop bu de ne pas conduire?

[1]En France on laisse la priorité aux conducteurs qui viennent de la droite dans un carrefour.

[2]L'analyse du sang permet de savoir exactement combien le sang contient d'alcool. Le nombre de grammes d'alcool pur contenus dans 1000 grammes de sang est appelé le **taux d'alcoolémie.**

LA VITESSE, C'EST dépASSER

En cette année, un *fléau* va tuer au moins treize mille hommes, femmes et enfants dans notre pays, peut-être *davantage*. Il frappera *en outre* quelque trois cent cinquante mille personnes, dont cinquante mille resteront handicapées pour le reste de leurs jours. Il s'agit des accidents de la route que la belle saison et les vacances remettent à l'ordre du jour.

catastrophe

plus/de plus

Faut-il *accuser la fatalité?* Certainement pas. Les moyens de réduire le nombre des morts et des blessés de moitié au moins existent. Il est clair que le remède principal concerne la limitation de vitesse.

attribuer la responsabilité au destin

Toutes les statistiques produites montrent d'une part que la limitation de la vitesse *entraîne* une diminution quasi proportionnelle du nombre et de la gravité des accidents. Si l'on considère que l'excès de vitesse est responsable directement d'un accident sur quatre, et les fautes de conduite d'un sur deux, *force est* d'admettre que l'inattention, l'erreur d'évaluation, le mauvais réflexe (et toute autre forme de déficience du conducteur) *comportent* des conséquences d'autant moins graves que le véhicule roule moins vite. A la limite, la vitesse peut être aussi rendue responsable, sinon de trois accidents sur quatre, du moins de près de trois morts sur quatre.

a pour conséquence

il est nécessaire

ont

Ce sont des conclusions exprimées dans un rapport fait pour le Conseil économique, qui n'ont pas été reprises dans l'avis du Conseil malgré l'*appui* des *syndicats ouvriers* et des associations familiales. La Sécurité Routière continuera donc de *clamer* dans le désert son slogan—«La vitesse, c'est *dépassé*»—si provocateur, si extraordinairement maladroit d'ailleurs dans sa formulation qu'il *confine* au sabotage pur et simple: *si l'on n'a pas trop d'orthographe,* on lit évidemment: «La vitesse, c'est dépasser», et qui, sur la route, n'a pas plus envie de dépasser que d'être dépassé?

support
labor unions

crier/a excédé ses limites

est très proche du /si l'on ne connaît pas
   bien comment écrire les mots

Extrait d'un article de Le Monde *par Pierre Viansson-Ponté*

QUESTIONS

1. De quel fléau parle-t-on dans cet article?
2. Pourquoi est-ce qu'on ne peut pas attribuer la responsabilité de ce fléau au destin?
3. A quoi la limitation de vitesse sert-elle?
4. Quel rapport existe entre la vitesse et le nombre des accidents? Et le nombre des morts?
5. Que veut dire l'expression «clamer dans le désert»?
6. Quel est le slogan de la Sécurité Routière? Que vent dire ce slogan?
7. Comment les gens peuvent-ils interpréter ce slogan? Pourquoi?

A VOUS LA PAROLE

1. Dépasser ou être dépassé—que préférez-vous? Expliquez votre réponse.
2. Croyez-vous que la vitesse soit dépassée? Expliquez.
3. A votre avis, quel devrait être le slogan de la Sécurité Routière?

LA COURSE
PARIS — LYON — PARIS

Trois journalistes ont essayé de faire le meilleur temps possible pour un voyage aller et retour Paris-Lyon en se servant de trois modes de transport. Voilà les résultats de cette *course*.   *race*

EN TRAIN

7 h 10: Cinq minutes de marche dans le matin froid pour atteindre la station de métro Georges-V. Je réussis à prendre mon train, gare de Lyon.

7 h 45: Les premiers tours de roue. Bien *calée* dans un compartiment de 1re, j'ai   **installée** *(fam.)*
devant moi la perspective de quatre heures de voyage. Je vais au wagon-restaurant prendre un petit déjeuner qui constituera, avec un arrêt de deux minutes en gare de Dijon, le seul *fait marquant* de mon voyage.   **épisode memorable**

11 h 45: Entrée en gare de Lyon. Le temps de sauter dans un taxi et je débarque à 12 heures exactement au *12 de la rue Malesherbes*. Durée de l'aller Paris-Lyon: 4 h   **bureau de l'***Express*** à Lyon**
50.

15 h 30: Fin du déjeuner. Un taxi me mène à la gare, où j'attrape *de justesse* le train   **de très peu**
de . . .

15 h 43: Le rapide venant de Grenoble me reconduit, en 512 *km*, à mon point de   **km = ⅝ mile**
départ. Voyage monotone. Quelques cigarettes fumées dans le couloir *font office* de   **servent**
récréation.

20 h 10: Arrivée en gare de Lyon avec dix minutes de retard sur l'horaire prévu. Les lenteurs du *piétinement* parisien me font perdre dix minutes avant d'atteindre le   **de la foule qui marche lentement**
métro.

20 h 20: Encore neuf minutes de patience avant son passage, et me voici enfin, à 20 h 44 à Georges-V.

20 h 50: Je suis à l'*Express*. Le retour m'aura coûté 5 h 20. Temps total: 10 h 10.

EN VOITURE

8 h 30: Départ de l'*Express*. Circulation assez fluide puisque vingt et une minutes suffisent pour parcourir les 14 km qui nous séparent de l'autoroute du Sud, où voitures et camions roulent *pare-chocs contre pare-chocs*.   bumper to bumper

10 h 30: Premier véritable arrêt à 2 km du *péage* de Pouilly-en-Auxois. Dix   toll booth
minutes pour refaire le plein d'essence et boire une tasse de café. Dix-sept francs remis au *guichetier* pour poursuivre la route. Malgré la réapparition des feux   **personne qui reçoit la taxe de l'autoroute**
rouges, l'entrée à Lyon se fait dans de bonnes conditions.

12 h 35: Arrivée devant le 12 de la rue Malesherbes. Il y a une place pour stationner. Le compteur marque 476 km. Parcours en 4 h 5.

15 h 48: Après le déjeuner, je reprends la route. La sortie de Lyon *s'effectue* sans   **s'accomplit, est fait**
problèmes.

17 h 30: Après avoir consacré cinq minutes au remplissage du réservoir, j'*avale* les   cover *(fig.)*
kilomètres avec une régularité de métronome. Mais, à partir de Fontainebleau, la circulation se fait progressivement plus dense. Elle me permet cependant de *rallier*   **regagner, arriver à**
l'*Express* à 19 h 43, soit en trois heures cinquante-cinq minutes.
Temps total: 8 h pour 952 km, soit une moyenne de 119 km-h.

EN AVION

10 heures: C'est le départ. J'extrais ma voiture du parking de l'immeuble de l'*Express*. Dix longues minutes à suivre un dialogue entre bus mal engagé et camion de *livraison* mal garé.   delivery

10 h 40: *Orly* en vue. Où se garer? Je parcours les deux *sous-sols* du *P 1*: *tout est*   **un des trois aéroports de Paris** /
complet. En surface, plusieurs automobilistes tournent, eux aussi, en vain. Au   underground levels/Parking Lot No. 1/
troisième tour, un monsieur compatissant finit par me céder la place qu'il allait   **pas de places**
occuper.

Le temps de traverser l'aéroport et d'*escalader* la *passerelle* du Boeing 707 d'Air   **monter**/boarding ramp
France, il est 11 heures.

11 h 15: Nous décollons. Voyage bref consacré à une bataille avec les pages d'un
quotidien difficile à *manier* dans l'espace réservé au voyageur.   **journal qui apparaît chaque jour/manipuler**

12 h 10: Nous atterrissons à Lyon-Bron. Taxi et, vingt minutes après (un record: il faut quelquefois plus d'une heure entre l'aéroport et Lyon), je suis au rendez-vous.

15 h 30: Taxi et départ pour Bron. Une dizaine de personnes *piétinent* en liste   **attendent impatiemment**
d'attente. La Caravelle d'*Air Inter* est pleine.   **compagnie aérienne française**

17 h 30: Orly. J'ai laissé la voiture sous un lampadaire, mais lequel? En un quart
d'heure de recherches, je n'ai jamais tant vu de Fiat 500 ni de *réverbères*. Traversée   **lampadaires**

de Paris difficile: tous les bureaux de Montparnasse semblent *se vider* en même **perdre leur contenu de gens**
temps.

18 h 40: *Je m'engouffre* dans le garage de l'*Express*. Temps total: 5 h 50. **j'entre rapidement** (*fig.*)

Extrait d'un article de l'Express

QUESTIONS

1. Combien de temps le voyage Paris–Lyon (et Paris–Lyon–Paris) prend-il par le train? en voiture? en avion?
2. Quels autres modes de transport fallait-il employer? Pour quelles raisons?
3. Décrivez le problème le plus agaçant de chaque voyage.
4. Qu'est-ce qu'un guichetier? Un wagon-restaurant?
5. Lequel de ces trois voyages était le plus commode? Le plus tranquille? Le plus énervant?

A VOUS LA PAROLE

1. A votre avis, quel est le moyen de transport le plus efficace? Expliquez votre réponse.
2. S'il vous fallait faire un voyage Paris-Lyon-Paris, quel moyen de transport employeriez-vous? Donnez les raisons de votre choix.
3. Croyez-vous que la course Paris–Lyon–Paris ait prouvé quelque chose?
4. Quels sont les avantages et les désavantages de voyager en voiture? Par le train? En avion? En auto-stop?

SUJETS DE DISCUSSIONS

1. Comment considérez-vous la voiture? (comme un objet utile; essentiel; indispensable? un objet de luxe?) Expliquez votre réponse.
2. Croyez-vous que les Américains gaspillent (*waste*) l'essence? Expliquez votre réponse en donnant des détails précis.
3. «La voiture permet à une personne d'exprimer et d'exercer son esprit d'individualisme.» Etes-vous d'accord? Pourquoi oui ou pourquoi non?
4. Persuadez quelqu'un de vendre sa voiture et de ne se servir que des transports publics.
5. Persuadez vos camarades de classe que les femmes (les hommes) conduisent mieux que les hommes (les femmes).
6. La cause de la plupart des accidents de voiture est la mauvaise condition physique du conducteur. (pour ou contre)
7. La limitation de vitesse sur les autoroutes est-elle stupide? Expliquez votre réponse.
8. Il y a deux heures que vous attendez vos bagages à l'aéroport et quelqu'un vient vous expliquer qu'ils sont perdus. Expliquez ce que vous ressentez à ce moment et ce que vous allez faire pour les retrouver.

CHAPITRE 6
LES VACANCES: LE LOGEMENT ET LA NOURRITURE

L'ESSENTIEL

A L'HÔTEL

le client, la cliente	réserver	une chambre (double/simple)
	s'installer (dans)	avec un grand lit
	loger (dans)	avec une salle de bains
		avec des toilettes
		avec une douche
		à demi-pension
	demander	la clé de la chambre
	se plaindre (de)	le service
		le chauffage
		le climatiseur
		le bruit
		le matelas (dur/mou)
le gérant, la gérante	accueillir	les clients (à la réception)
le (la) propriétaire	faire monter	les bagages (*m. pl.*)
la femme de chambre	descendre	les valises

le service (compris/non compris); la taxe; le petit déjeuner

** N N   Réservation : 21.91.60

Hôtel de l'Ours Blanc
2, rue Victor-Hugo 31000 TOULOUSE
Tél. : 21.62.40 - R.C. Toulouse B 305.877.904

NOTE No 101025

Madame MALEY   App¹ n° 206

MAI	19						
APPARTEMENT	100 00						
PETIT DÉJEUNER	25 50						
EAUX MINÉRALES							
THÉ, CAFÉ, etc.							
TÉLÉPHONE	1 00 -						
TOTAL DU JOUR	126 50						
REPORT							
TOTAL A REPORTER							

N'oubliez pas de déposer votre clef S.V.P.

TAXES ET SERVICES COMPRIS

NET A PAYER......... 126 50

I. Pour chaque réponse donnée, indiquez (a) les personnes qui parlent et (b) la situation dans laquelle ils se trouvent.

Exemple: Vous auriez dû me dire l'heure exacte de votre arrivée.
  (a) **Le gérant à la réception parle à un client.**
  (b) **Quand le client n'est pas arrivé à l'heure, le gérant a donné sa chambre à un autre client.**

1. Vous auriez dû réserver une chambre avec toilettes.
2. Le gérant aurait dû accueillir les nouveaux clients de l'hôtel.
3. La femme de chambre aurait dû faire les lits.
4. Les clients auraient dû demander la clé de leur chambre.
5. Il aurait dû payer la note de son séjour à l'hôtel.
6. Le propriétaire aurait dû faire descendre les bagages.
7. Vous auriez dû vous plaindre du bruit.
8. La cliente aurait dû s'installer dans une chambre avec un grand lit.

II. Multi-conversation: A l'hôtel

A. 1. Avez-vous une chambre pour une personne?
   2. Avez-vous une chambre à deux lits avec toilettes?
   3. Je voudrais réserver une chambre pour demain soir. En avez-vous une avec salle de bains?

B. 1. Oui, nous en avons une au troisième étage.
   2. Oui, mais elle donne sur la rue.
   3. Oui, vous pouvez avoir chambre 49 qui donne sur la mer.

C. 1. Et le prix de cette chambre?
   2. Ça fait combien pour cette chambre?
   3. Combien est-ce que ça coûte?

D. 1. Trente-six francs, service non compris.
   2. Soixante-douze francs, service compris.
   3. Cinquante-deux francs avec le petit déjeuner.

E. 1. Puis-je la voir, s'il vous plaît?
   2. Pourriez-vous me la montrer?
   3. Auriez-vous quelque chose de moins cher?

F. 1. Mais oui. Attendez un moment.
   2. Bien entendu. C'est par ici.
   3. Oui. Voulez-vous me suivre, s'il vous plaît.

Syndicat d'Initiative de CORDES · Tarn

Nombreux stages artisanaux

Hôtels et Restaurants
Ces prix s'entendent service compris

TARIFS POUR LA SAISON

Hôtels - Restaurants	Tél 16. 63	Catégorie	Chambres		Petit déjeuner	Repas	Pension
			Prix	Nombre			
Hôtel du GRAND ECUYER	56.01.03	*** NN	51 à 157	18	13,00 F.	à la carte environ 51 à 80	à la demande
Hôtel DE LA CITÉ	56.03.53	** NN hôtel	50 à 73	10	7,00 F		
HOSTELLERIE DU PARC	56.02.59	** NN	37 à 69	16	7,00 F	25, 38, 48, 52, 65 et Carte	70 à 95
HOSTELLERIE DU VIEUX CORDES	56.00.12	* NN	28 à 53	20	7,00 F	30, 40, 60, 70 et Carte	58 à 95
AUBERGE CATHARE	56.01.13	Hôtel Préfecture	30 à 45	10	7,00 F	20, 35, 45, 60	
HOTEL IZARD	56.02.51	Hôtel Préfecture	28 à 45	12	7,00 F	20, 30	60
HOTEL du MIDI	56.00.07	Hôtel Préfecture	26,50 à 37,50	14	6,00 F	19,50 - 26,00	58,50
Auberge de la Bride	56.04.02	Restaurant				20, 28, 38	
Camping du Moulin de Julien	56.02.09	***					

AU RESTAURANT

un garçon, une serveuse	présenter	la carte[1]
	offrir	le menu[2]
		le plat
	servir	le repas
	attendre	un pourboire
le client, la cliente	avoir	faim
	mourir (de)	faim de loup
	réserver	une table
		de quatre couverts
		pour quatre person-
		nes
	demander	la carte des vins
	commander	la nourriture
	manger	
	prendre	une boisson
		un apéritif
	payer	l'addition (f.)

[1] carte = prix individuel de chaque plat présenté
[2] menu = l'ensemble à prix fixe des plats

LES REPAS EN FRANCE

Le petit déjeuner (vers 8 heures)

du café au lait, un grand crème
du chocolat chaud
des croissants, du pain
du beurre
de la confiture

Le déjeuner (entre 12 et 14 heures)

les hors-d'œuvre ou l'entrée
un plat garni
    un rôti de porc/un rosbif/mouton/veau/un poulet rôti
une salade verte (de saison) ou des fromages *(m.)*
un dessert

Le dîner (entre 19 et 20 heures)

un potage, une soupe
de la viande, de la charcuterie ou une omelette
un légume
des fromages
un dessert

I.
1. En France qu'est-ce qu'on prend pour le petit déjeuner? Et aux Etats-Unis? Et qu'est-ce que vous prenez pour le petit déjeuner?
2. Quelle viande préférez-vous? Quels légumes? Quels fruits?
3. Qu'est-ce que c'est qu'un plat garni?
4. Qu'est-ce que vous prenez comme boisson avec votre déjeuner? Et avec votre dîner?
5. Que veut dire l'expression «mourir de faim de loup»?
6. Pour quelles occasions allez-vous au restaurant? Qui paie l'addition?

II. Multi-conversation: Dans un restaurant

A. 1. Vous désirez, Monsieur?
  2. Avez-vous choisi, Monsieur?
  3. Et pour commencer, Monsieur?

B. 1. Je voudrais des hors-d'œuvre variés.
  2. D'abord, une omelette aux fines herbes.
  3. Si la soupe est bonne, je commencerai par ça.

C. 1. Et après cela, Monsieur?
  2. Et comme viande, Monsieur?
  3. Et ensuite, Monsieur?

D. 1. Un steak bien cuit *(well done)* et du fromage. Pas de dessert, merci.
  2. Un poulet rôti, une salade de saison et des fruits.
  3. Une côtelette *(chop)* de porc, du fromage et un gâteau du chef.

EXERCICES

I. Employez les expressions ci-dessous et les expressions de l'Appendice A à la page 165 pour réagir aux situations données. Expliquez ce que vous diriez et ce que vous feriez pour résoudre chaque problème.

Expressions à employer pour porter plainte:

Excusez-moi de vous déranger mais _____.
J'ai un petit problème et j'espère que vous pourrez m'aider _____.
J'ai un problème à résoudre. Il s'agit de _____.
Excusez-moi, Monsieur, mais il n'y a pas _____. Pourriez-vous _____ tout de suite?
On n'est pas très content (satisfait) de _____.

Expressions à employer pour s'excuser:

Mon dieu, je le regrette énormément!
Pas possible! Je m'en occupe immédiatement.
Je ne sais quoi dire.
Je regrette de ne pas m'en être aperçu.
Je suis désolé(e), mais c'est comme ça.

A. En arrivant à l'hôtel vous découvrez que la chambre que vous avez réservée:
1. est occupée par une autre personne
2. n'a pas de salle de bains
3. exige une demi-pension

B. En entrant dans votre chambre, vous remarquez que:
1. il n'y a ni savon ni serviettes dans la salle de bains
2. elle donne sur une rue pleine de bruit
3. il n'y a pas de chauffage et il fait froid

C. Dans un restaurant:
1. ça fait une heure que vous attendez une table
2. vous ne pouvez pas lire le menu écrit à la main
3. vous n'avez pas assez d'argent pour payer l'addition

II. Vous êtes en train de discuter les projets de vacances avec votre famille. En employant les trois formules suivantes et les phrases suggérées, donnez-leur votre avis.

Les formules:

A. Nous ne devrions pas _____.
B. Il vaudrait mieux _____.
C. Dans ce cas-là on pourrait _____.

Phrases suggérées:

A. prendre des vacances au mois de février
B. voyager en juillet quand il fera plus chaud
C. faire du camping

> **Exemples:** A. **Nous ne devrions pas** *prendre des vacances au mois de février.*
> B. **Il vaudrait mieux** *voyager en juillet quand il fera plus chaud.*
> C. **Dans ce cas-là on pourrait** *faire du camping.*

A. 1. voyager en Europe par le train
2. prendre l'autoroute
3. manger dans les restaurants
4. rester longtemps dans les grandes villes

B. 1. louer une voiture
2. suivre de petits chemins
3. faire des pique-niques
4. nous installer dans de petits villages

C. 1. s'arrêter où l'on veut
2. mieux voir le paysage
3. faire des économies
4. rencontrer plus facilement les habitants

III. Imaginez. En employant le vocabulaire de l'Essentiel, inventez et préparez un dialogue auquel l'un(e) de vos camarades devra participer de façon impromptue.

LA FRINGALE DES CONGÉS

Quelle est cette *fringale* de congés qui saisit soudain les Français? Ne travailleraient-ils désormais que pour les vacances? Leur job serait-il devenu si ennuyeux ou si *pénible* que la moindre perspective de temps libre les jette sur les routes?

un appétit ou un désir ardent d'une chose

dur

C'était en 1936 que la *Chambre des députés* et le Front populaire[1] ont voté la loi qui a accordé, pour la première fois, deux semaines de vacances aux salariés. Quarante ans ont passé. Les quinze jours sont devenus trois semaines in 1956 et un mois en 1969. Auquel s'ajoutent les quelques dix fêtes légales dispersées au cours de l'année. Telle est donc la règle générale. Le problème est qu'en France la réalité ne correspond pas nécessairement à la légalité. Oh! la loi, elle, est respectée. Elle est même plus que respectée. Si bien que les Français dans leur grande majorité arrivent à des congés qui dépassent parfois très largement ceux *prévus* par la loi.

L'été reste, bien sûr, la période *bénie* des Français pour leurs congés. Mais il y a depuis quelques années une double nouveauté: les vacances d'hiver avec ses foules *hérissées* de skis et de *bâtons.* Et surtout les week-ends de deux, trois ou quatre jours. Ce n'est pas sans raison que les agences de voyages ont multiplié leurs propositions de courts séjours.

Mais pourquoi les Français sont-ils saisis depuis quelque temps par cette fringale des congés? Il reste que ce goût du loisir, du temps libre, de la détente, est assez impressionnant. De l'urbanisation à la *dureté* des *tâches,* les raisons ne manquent pas pour expliquer le phénomène. Mais il en est une, toute simple, qui résume peut-être toutes les autres—c'est que les Français travaillent beaucoup. Plus en règle que les Allemands ou les Américains, les Italiens ou les Britanniques.

En outre, et on l'oublie souvent, le temps de travail ne rend pas compte de ce que les spécialistes appellent l'amplitude de la journée de travail, c'est-à-dire les heures comprises entre le départ du domicile et le retour chez soi. Or cette amplitude est d'environ onze heures.

Enfin, et cela encore on ne le compte guère, tous les Français, au cours de leur vie, ne travaillent pas le même temps. Ils ne travaillent pas non plus de la même manière; selon l'âge, le sexe, la profession, le temps de travail et de loisir n'a pas la même signification. Mais cela est une autre histoire.

Extrait d'un article de Le Point *par Claude Sales*

[1] Le Front populaire = premier gouvernement socialiste à exercer le pouvoir en France dont le chef était Léon Blum. Ce gouvernement a voté beaucoup de réformes sociales en faveur des travailleurs.

House of Representatives

admis, permis

glorifiée

armées d'objets menaçants *(fig.)*/ski poles

difficulté, sévérité/travaux à faire

de plus

QUESTIONS

1. Qu'est-ce que la fringale des congés?
2. Pourquoi est-ce que l'auteur dit que la loi pour les vacances est même plus que respectée?
3. Combien d'heures par jour les Français travaillent-ils?
4. Que veut dire l'expression «l'amplitude de la journée de travail»?
5. Pourquoi les Français sont-ils saisis par cette fringale des congés?

A VOUS LA PAROLE

1. Avez-vous jamais eu une fringale des congés? Quand est-ce que cela vous est arrivé?
2. Quelle est la différence entre la durée des vacances en France et aux Etats-Unis?
3. Si vous étiez salarié(e), quel système des vacances préfériez-vous? Pourquoi?
4. Décrivez vos vacances idéales.

La Confession d'un portier d'hôtel

Le portier d'hôtel est depuis longtemps, au cinéma, un mythe. Un mythe qu'il est bien difficile de rencontrer dans la vie quotidienne. Mais l'on en a trouvé un—Pierre Porte, qui travaille au Sheraton de Paris.

Irréprochable, Monsieur Porte. Chaussures noires, pantalon noir, chemise blanche, gilet de piqué blanc, redingote noire au col *brodé* de clefs d'or croisées. «J'ai un profond respect pour mon uniforme. Les jeunes, même les plus ambitieux, en ont honte. Quand je suis entré au Sheraton, j'ai demandé à porter l'habit traditionnel de ma profession. Ça peut sembler anachronique, dans ce *cadre*, mais les clients sont ravis de constater qu'une certaine qualité n'a pas disparu.»

Il est entré dans l'hôtellerie comme la plupart de ses *pairs:* par hasard. Il y est resté, par goût de l'argent agréablement gagné, par fascination pour un univers séduisant, cocktail subtil de futilité et de sérieux, d'*insouciance* et de puissance.

Les clients *ignorent* la plupart du temps qu'un concierge est un chef d'équipe. «En baisse saison, je dirige trente-cinq personnes: les assistants concierges, les messagistes, les voituriers, les bagagistes. De quarante-cinq à cinquante en haute saison.»

Le concierge *veille* à tout, supervise un très grand nombre d'activités: faire porter fleurs ou fruits aux V.i.p.; renvoyer aux Etats-Unis la *mallette* oubliée par une charmante Américaine; répondre aux vœux de l'ambassadeur du Sénégal; orchestrer le travail dans la salle des bagages.

Dans un hôtel de luxe, le concierge est irremplaçable et indispensable. Il est le seul à pouvoir satisfaire toutes les demandes d'une clientèle exigeante, capricieuse, *farfelue, imprévisible*. Le concierge est une création du *palace* traditionnel. L'intérêt d'un grand hôtel moderne et américanisé est d'en posséder un aussi.

toilette, tenue impeccable
orné, embelli

environnement

égaux

qui ne s'inquiète de rien
ne savent pas

s'occupe de
petite valise

à l'esprit bizarre, un peu fou/dont on ne peut pas prévoir les réactions/hôtel luxueux

«Dites-moi, Porte. (Le client attire le concierge *à l'écart*.) Je voudrais faire   **loin des autres**
monter des roses rouges au 1021. Très vite. C'est urgent.» Le billet de cent francs
passe comme l'*éclair* d'une main à l'autre. «Vous garderez la différence, bien   lightning
sûr . . . » Cinq minutes plus tard, les fleurs seront *déposées* dans le vase du 1021.   **mises**

«Dites-moi, Porte. J'avais besoin d'une table de douze couverts au *Lido*. Un   **boîte de nuit parisienne**
marché important à conclure. Votre assistant m'a dit que c'était complet. Vous   **affaire de commerce**
arrangez ça?» Ce sera arrangé.

«Dites-moi, Porte. J'ai absolument besoin d'une *504* neuve, demain matin. Boîte   **voiture Peugeot 504**
automatique, toit ouvrant. Je n'ai pas le temps de m'en occuper. Je vous fais
confiance.» Confiance justifiée: la voiture sera là.

Monsieur Porte sourit: «Il faut être psychologue pour exercer cette profession. Et
diplomate. C'est un long travail. Car il ne suffit pas d'avoir une attitude correcte et
plaisante. Les gens que nous fréquentons sont en général assez cultivés, informés en
tout cas. Donc, il faut que nous le soyons aussi.»

*Extrait d'un article de l'*Express

QUESTIONS

1. Qu'est-ce qu'un portier d'hôtel?
2. Comment est l'uniforme de Monsieur Porte?
3. Pourquoi préfère-t-il le porter?
4. Pourquoi les jeunes portiers auraient-ils honte de porter cet uniforme?
5. Pour quelles raisons Monsieur Porte est-il resté dans son métier? Comment y est-il entré?
6. Décrivez en détails précis le métier d'un portier au Sheraton de Paris.
7. Comment est la clientèle du Sheraton?
8. Quels types de commissions Monsieur Porte fait-il pour ses clients?
9. Selon Monsieur Porte, qu'est-ce qu'il faut pour exercer la profession d'un portier d'hôtel?

A VOUS LA PAROLE

1. Racontez ce qui vous est arrivé quand vous avez cherché une chambre dans un hôtel.
2. Racontez une expérience intéressante que vous avez vécue quand vous travailliez comme garçon, serveuse, portier, etc.
3. Racontez la vraie historie:
   a. des roses rouges pour la chambre 1021 au Sheraton de Paris
   b. de la table de douze couverts au Lido
   c. de la Peugeot 504 toit ouvrant, boîte automatique
   N'oubliez pas de vous servir de votre imagination!
4. Voudriez-vous être portier d'hôtel? Expliquez votre réponse.

Français, mettez-vous au régime!

Le gouvernement est inquiet: de plus en plus de Français sont victimes de l'obésité (un Français sur cinq est obèse). Quelles sont les principales erreurs *alimentaires?* Selon une *enquête effectuée* dans toute la France, elles sont au nombre de sept:

    1. Le Français absorbe trop de *corps gras,* sous forme de charcuteries, de sauces et de corps gras d'*assaisonnement.*

    2. Il boit trop d'alcool et de vin qui lui apportent des calories *excédentaires* (un *litre* de vin représente 700 calories.)

    3. Il consomme souvent trop de *farineux* et de produits sucrés, en regard de ses besoins nutritionnels réels.

    4. Dans l'équilibre de ses *apports* en protéines animales, il favorise trop la viande au détriment des produits laitiers et des poissons.

    5. Il se contente d'un apport limité de calcium, surtout chez les jeunes qui ne consomment pas assez de lait et de fromage.

    6. Il n'absorbe pas assez de légumes et de fruits, ce qui se traduit par une insuffisance en vitamine C.

Glossaire (marge):
- de nourriture
- sondage / réalisée, accomplie
- fats
- épices, condiments
- supplémentaires
- 35 fluid ounces
- produits des plantes qui fournissent de la farine
- quantité qu'on consomme

7. Ses *prises alimentaires* sont mal *réparties,* insuffisantes au petit déjeuner, trop importantes au déjeuner et au dîner.

    repas (*fig.*)/**distribuées**

Qu'appelle-t-on être suralimenté? C'est manger davantage que les besoins physiologiques ne le commandent. Cela revient à dire qu'il faut manger lorsqu'on a faim et non pas lorsqu'on a envie. Si l'on cède à la simple envie, on arrive très vite à la prise de poids excédentaire, parce que le nombre de calories normal (de 2200 à 2500 par jour) est dépassé, tandis qu'en même temps, le sujet ne *dépense* pas assez cet excès d'apport par des dépenses d'énergie—par exemple, l'exercice physique.

    consomme

Comment répartir l'alimentation? En trois repas presque égaux. En France, on minimise beaucoup le petit déjeuner. Or il a lieu après douze heures de *jeûne* environ et il sera suivi d'une longue matinée de travail; 30 pour cent des écoliers partent en classe sans avoir rien pris, les autres ayant simplement absorbé une tasse de liquide. Quant aux adultes, ils se contentent souvent d'un *«petit noir»*. Oeufs, viande froide, fromage, lait, sont nécessaires. On diminuera alors les deux autres repas. Le Français absorbe au déjeuner et souvent au dîner: hors-d'oeuvre, plat garni, fromage, dessert. Le repas qui comporte de la viande peut négliger le fromage, mais le repas constitué de produits céréaliers doit être complété avec lait ou fromage. Du vin sagement: un demi-litre par jour au plus. Un peu moins pour les sédentaires et les femmes. Il faut préparer une nourriture correspondant aux besoins réels. Si la bonne cuisine se fait avec une *balance*[1] et une montre, l'alimentation équilibrée ne requiert qu'une balance et du bon sens.

    abstinence d'alimentation

    une tasse de café (*fig.*)

    scales

Extrait d'un article de Paris-Match

QUESTIONS

1. Que veut dire l'expression «mettez-vous au régime»? «Etre suralimenté»? «Etre sousalimenté»?
2. Pourquoi les Français sont-ils victimes de l'obésité?

[1] En France on pèse les produits dont on se sert pour faire la cuisine. On ne mesure pas par tasse.

3. Comment se fait-il qu'on gagne du poids? Et qu'on perd du poids?
4. Quel rôle l'exercice physique joue-t-il en ce qui concerne l'alimentation?
5. Comment doit-on répartir l'alimentation?

A VOUS LA PAROLE

1. De quoi a-t-on besoin pour faire bien la cuisine? Pour avoir une alimentation équilibrée?
2. Est-ce qu'on peut changer le titre de cet article à «Américains, mettez-vous au régime!» Expliquez votre réponse.
3. Etes-vous suralimenté(e) ou sousalimenté(e)? Expliquez votre réponse.
4. Avez-vous déjà suivi un régime? Décrivez votre expérience.
5. On conseille aux Français de prendre sagement du vin—c'est-à-dire un demi-litre par jour. Croyez-vous qu'un demi-litre soit une quantité «sage»? Expliquez votre réponse.

La France vue par les touristes étrangers

Portant chemisettes à fleurs et shorts au château de Chambord; remerciant—«very nice»—au restaurant Troisgros de Roanne; regrettant de trouver le café Le Flore fermé parce que le guide *Europe on 10 Dollars a Day* leur raconte que Jean-Paul Sartre habite Saint-Germain-des-Prés; *alors qu*'il a déménagé depuis quinze ans; 3,7 millions d'étrangers passent, cette année, leurs vacances en France. Et cela fait 3,7 millions d'idées de la France.

    en dépit du fait

    «Chez vous, les gens sont *grincheux* et considèrent souvent l'étranger comme un pigeon à plumer», estime M. Francis Jackson, Britannique de 42 ans. Mais M. Jackson vient tous les ans, de façon irrationnelle, se faire «plumer» sur la Côte d'Azur. Pourquoi? «J'aime les sites, la douceur de vivre, une certaine manière d'être des Français. Quand je suis reparti, cela me manque.»

    de mauvaise humeur

    Pour la nourriture, peu de problème. L'image de la France à l'étranger est

d'abord celle d'un restaurant aux tables bien garnies. Un Suisse commente: «La France, c'est la *grande bouffe,* mais dans le calme et l'intelligence.»

      bonne cuisine *(fam.)*

La culture vient aussitôt après la cuisine—et avant le cœur—dans les préoccupations des visiteurs. Notre-Dame, l'Arc de triomphe battent toujours les records de fréquentation.

Pour les touristes qui ne viennent pas d'un pays à monnaie forte, c'est lutter contre le coût de la vie en France. Beaucoup d'Anglais et de Belges ne font, au restaurant, qu'un repas par jour. «Vos prix sont incompréhensibles. Et, au café, une bière ou un soda revient tout de suite à deux francs.»

Notre réputation de peuple peu accueillant décourage *d'emblée*. Un groupe

      tout de suite

La COUVERTOIRADE
— AVEYRON —

MONUMENT HISTORIQUE

3 F 00 № 092000

Foire Internationale
de la Vigne et du Vin
MONTPELLIER

Entrée № 141403

Partie à conserver par le visiteur, à présenter
sur toute réquisition aux Services de Contrôle.

néerlandais explique: «Nous ne sommes pas venus en France pour voir les Français. Nous vivons entre nous. Cela nous suffit. Nous ne *fuyons* pas les gens du pays, mais nous ne les recherchons pas.»

Ceux qui les recherchent *sont* souvent *déçus.* Pour un monsieur de Vienne, «les gens du Nord vous reçoivent chez eux, les gens du Sud dans la rue. A Paris, on ne vous reçoit *nulle part.*» Manque de chaleur humaine? On parle volontiers des chauffeurs de taxi *butés,* des passants nerveux, des serveurs *goguenards.* «Les garçons de café *ironisent sur* mon accent ou mon français insuffisant. Les provinciaux sont plus tolérants. Ils commencent à admettre qu'un étranger peut ne pas parler comme un académicien.»

La barrière de la langue reste *redoutable* pour les non-francophones. Selon les Américains, «la France est le seul pays du monde à ne pas vouloir comprendre l'anglais.»

Malgré les critiques et les restrictions, les guides sont formels: Paris reste le haut lieu de l'aventure, de la beauté, de la jeunesse d'esprit. Et Brigitte Bardot, dans un film publicitaire *susurre:* «Pour moi, la France, c'est du bon vin et de la nourriture délicieuse. C'est l'été sur la Côte d'Azur et l'hiver dans les Alpes, ce sont les petits bistrots, les châteaux, les robes des grands couturiers, Paris et son peuple.» Ce sont ces petits clichés qui font les grands voyages.

*Extrait d'un article de l'*Express *par André Bercoff et d'Alain de Penanster*

**Glossaire marginal:**

gens qui habitent la Hollande
évitons

éprouvent une déception

en aucun lieu
fermés, peu ouverts à d'autres gens/
  d'une attitude moqueuse/
  se moquent de

terrible, effrayant

murmure doucement

QUESTIONS

1. Pourquoi les touristes viennent-ils en France?
2. Les étrangers, que pensent-ils des Français? et du coût de la vie en France? et des contacts avec les Français?
3. Les Français que pensent-ils des touristes?
4. Comment est-ce que les Français du nord accueillent les touristes? les gens du sud? les commerçants? les garçons de café? les chauffeurs de taxi? les provinciaux?
5. Que veut dire la phrase «un pays à monnaie forte»?
6. Pourquoi les touristes sont-ils attirés par Paris?
7. Que veut dire la phrase «les petits clichés font les grands voyages»?

A VOUS LA PAROLE

1. Pour quelles raisons voudriez-vous (ou ne voudriez-vous pas) prendre vos vacances en France?
2. La France n'est que le tiers du Texas. Imaginez-vous l'époque des vacances— l'été—avec à peu près 4 millions d'étrangers traversant votre état: Comment les routes seraient-elles? Les campings? Les parcs? Les restaurants? Les magasins? Les cinémas? Les stations-service? A la fin d'un tel été quelle serait votre attitude envers les étrangers? Quelle serait votre humeur?
3. Quelle serait votre attitude envers les gens qui ne veulent pas apprendre une langue étrangère?
4. Quelle est votre opinion personnelle sur les Français? Si vous avez été en France, avez-vous changé d'opinion? Croyez-vous que ces touristes interrogés aient raison?

SUJETS DE DISCUSSIONS

1. Expliquez les raisons de la suralimentation en Amérique et en France.
2. Commentez cette phrase de Molière (de *l'Avare*): «Il faut manger pour vivre et non pas vivre pour manger.»

3. Imaginez être un(e) Français(e) faisant le premier voyage aux Etats-Unis. Racontez vos opinions sur les Américains et sur leur vie.

4. Vous êtes un(e) touriste arrogant(e) et désagréable qui n'a rien de bon à dire sur le pays et sur les gens qui l'habitent et vous parlez avec un des indigènes qui est sympathique, agréable et aime que les touristes visitent son pays. Quelle sorte de conversation aurait lieu entre les deux?

5. «Puisque les films nous permettent de voir tous les pays du monde, il n'est pas nécessaire de voyager à l'étranger.» Etes-vous d'accord ou non?

6. Est-ce vrai qu'un touriste n'arrive jamais à connaître bien un pays et sa culture parce que tout ce qu'il voit est superficiel? Expliquez votre réponse.

CHAPITRE 7

LES FRANÇAIS SONT AUSSI COMME ÇA

L'ESSENTIEL

une personne	respecter	quelqu'un
	se moquer (de)	
	se disputer (avec)	
	haïr, détester	
	mépriser	
	maltraiter	
	énerver	
	gêner	
	tracasser	
	insulter	
	injurier	
	blesser	
	infliger	un affront (à quelqu'un)
un beau parleur	bavarder, converser, causer	d'une façon impolie/ poliment
	papoter	
	faire raconter	des commérages (*m. pl.*)

une personne   se taire

                se tromper

                râler *(fam.)*
                maugréer, grogner
                pleurnicher
                ricaner
                chuchoter
                balbutier
                mentir
                jurer (à la cour)
                blasphémer

                s'excuser

I.

1. De quoi (qui) vous moquez-vous?
2. Avec qui vous disputez-vous?
3. Par qui les étudiants sont-ils maltraités? Tracassés?
4. Qu'est-ce qui vous énerve?
5. Dans quelles circonstances est-ce qu'on injure quelqu'un?
6. Qu'est-ce qui vous gêne?
7. Que pensez-vous des gens qui papotent? Qui racontent toujours des plaisanteries?
8. Dans quelles circonstances est-ce que vous balbutiez? Ricanez? Râlez?
9. Que demandez-vous à une personne qui parle trop?
10. Que savez-vous quand vous voyez une personne (un enfant) qui pleurniche?

II. Multi-conversation: Comment s'excuser

A. 1. Je regrette d'avoir renversé du lait sur la nappe!
   2. Comme c'est bête. Je crois que j'ai perdu ta clé!
   3. Je regrette énormément d'avoir cassé ta jolie statuette!

B. 1. Oh, cela ne fait rien.
   2. Ne t'inquiète pas; ce n'est qu'un petit malheur.
   3. Ce n'est pas grave.

C. 1. Mais je vais payer pour cela.
   2. Je ne sais quoi dire. Je vais la remplacer, bien entendu.
   3. Comme je le regrette. Dis-moi où tu l'as achetée pour que je puisse la remplacer.

D. 1. Ce n'est pas du tout nécessaire.
   2. Mais non. Je ne l'ai jamais aimée de toute façon.
   3. Oh, mais non; c'est hors de question.

le ton (du langage)	pouvoir être	vif
		amer
		doux
		grossier
		vulgaire
		éloquent
		déplacé
Il est possible de traiter une personne avec		respect *(m.)*
		gentillesse *(f.)*
		brusquerie *(f.)*
		impolitesse *(f.)*
		malhonnêté *(f.)*
un interlocuteur, une interlocutrice un auditeur, une auditrice	réagir (avec)	étonnement *(m.)*, surprise *(f.)*
		incrédulité *(f.)*
		plaisir *(m.)*
		colère *(f.)*
une personne	pouvoir être	maladroite/adroite
		indolente/énergique
		timide/sûre de soi
		réservée/ouverte
		étourdie/organisée
		négligente/soigneuse
		froussarde/courageuse
		rusée/candide
		facile à vivre/ tyrannique
		détendue/anxieuse
		intelligente/bête, stupide
		sotte/intelligente

I.

1. Comment une personne réagit-elle quand elle entend une mauvaise nouvelle? un commentaire grossier? un compliment? une plaisanterie grossière?
2. Pourquoi est-ce qu'on parle avec un ton éloquent, amer, doux, grossier?
3. Décrivez une personne qui est maladroite (indolente, ouverte, étourdie, froussarde).

4. Pourquoi préférez-vous des personnes qui sont faciles à vivre (soigneuses, énergiques, détendues)?

II. Micro-conversation

A. Quelqu'un a **oublié son parapluie.**
B. Tiens! Ta sœur a fait la même chose la semaine passée.
C. *Oublier son parapluie.* Ça ne me surprend pas du tout!
D. Elle est si **étourdie!**

Substitutions pour **oublié son parapluie**	Substitutions pour **étourdie**
1. énervé son professeur	1. indolente impolie mal organisée négligente stupide
2. insulté l'agent de police	2. vulgaire grossière bête irresponsable tyrannique

EXERCICES

I. Répondez aux questions:

1. Dans quelles circonstances seriez-vour obligé de jurer (mentir, pleurnicher, raconter des plaisanteries, chuchoter, vous excuser)?
2. Dans quelles circonstances seriez-vous obligé(e) d'être courageux(-euse)? D'être détendu(e)? D'être anxieux(-se)? D'être sûr (sûre) de vous? D'être impoli(e)?
3. Décrivez votre réaction si quelqu'un vous insulte dans la rue (si quelqu'un vous fait un compliment; vous raconte un commérage; vous blesse).
4. Avez-vous jamais infligé un affront à quelqu'un? Expliquez.
5. Comment réagissez-vous quand vous savez que quelqu'un vous a menti (vous a maltraité, s'est moqué de vous, vous a traité avec gentillesse)?

II. Décrivez les réactions d'un(e) ami(e) qui se trouve dans les situations suivantes et puis essayez de trouver de bonnes phrases pour l'encourager. (Consultez l'Appendice A à la page 165.)

Votre ami(e)

1. vient de perdre tout son argent
2. a très mal aux dents et mal à la tête et les pharmacies sont fermées
3. a la grippe et croit qu'il (elle) va mourir
4. vient de renverser un verre de vin sur son plus joli pantalon (sa plus jolie jupe)
5. vient d'apprendre que les réparations de sa voiture coûteront plus de 200 dollars et n'a pas assez d'argent pour les payer
6. vient d'échouer à son examen de permis de conduire pour la deuxième fois
7. vient d'être injurié par quelqu'un
8. vient de se disputer avec son (sa) meilleur(e) ami(e)

III. Décrivez votre caractère; celui de votre mère, père, frère, sœur; celui d'une personne difficile; celui des Américains; celui des Américaines; celui de votre petit(e) ami(e).

IV. Préparez une description d'une des personnes suivantes: un(e) camarade de classe; un professeur; une personne célèbre; un beau parleur; un râleur; un(e) étourdi(e); un menteur; un pleurnicheur. Après l'avoir présentée à vos camarades de classe, demandez-leur de deviner qui c'est.

V. Imaginez: En employant le vocabulaire de l'Essentiel, inventez et préparez par écrit un dialogue auquel l'un de vos camarades devra participer de façon im-promptue.

La Galanterie: un attrape-nigaudes

ruse grossière qui ne trompe que les sottes

La galanterie n'est pas morte, même si certains hommes qu'*irrite* le désir d'autonomie des femmes en ont *fait* joyeusement *leur deuil*. Elle n'est pas morte,

exaspère, provoque l'irritation
se résignent à en être privés

mais elle est réduite à quelques gestes rituels, parfois agréables ou touchants, mais souvent ridicules et *gênants*.

    Il faut se faire à cette évidence: la galanterie, présentée comme l'*exquis* privilège de la condition féminine, n'est en réalité qu'une manifestation déguisée de l'instinct sexuel. Elle est directement proportionnelle au charme de l'intéressée et *décroît inexorablement* avec son âge. Ce n'est pas qu'il soit désagréable d'être un plus ou moins obscur objet du désir. Il s'agit seulement de ne pas se faire trop d'illusions sur le message.

    D'ailleurs, il suffit d'observer les comportements virils de plus près pour s'apercevoir que galanterie n'est pas le moins du monde synonyme de courtoisie. C'est le monsieur qui vient vous *faire une queue de poisson* pour vous *choper* la dernière place du parking qui, quelques minutes plus tard, *s'effacera* pour vous laisser entrer la première au restaurant.

    La galanterie n'est pas morte, c'est vrai. Mais elle ne représente qu'un rituel *vide de sens*, maintenant que les femmes ne portent plus de corset et peuvent se baisser, ne sont plus *engoncées* dans des *robes à tournures* et peuvent monter seules en voiture, font du sport et sont capables de porter leur valise.

    On ne baise pas la main d'une dame en bottes et blue-jeans. On ne porte pas le sac à dos de la fille avec qui on part en vacances. La vraie galanterie est aujourd'hui à réinventer.

    Echanger quelques attitudes stéréotypées, quelques gestes *dérisoires,* quelques comportements sans réelle signification (se sentir obligé de payer pour une femme au restaurant ou cinéma par exemple), contre le naturel, la camaraderie ou l'amitié, quel *profit* pour les relations humaines! «Tu as des ennuis d'argent, Hubert? Je t'invite, ce soir.»

    Et pourquoi ne lui enverrions-nous pas des fleurs, à Hubert, si nous en avons envie? Il n'apprécierait pas? Tout s'apprend, et surtout les bonnes choses.

Extrait d'un article de F Magazine *par Odile Lacombe*

Glossaire (marges):

ennuyeux
délicat
diminue
fatalement
doubler un véhicule et se rebattre brusquement devant lui / attraper, prendre vivement/se mettra à côté
sans signification
serrées, coincées/dresses with bustles
ridicules
avantage

QUESTIONS

1. Selon l'auteur, qu'est-ce que la galanterie?
2. Quelle relation y a-t-il entre l'âge et la galanterie?
3. Pourquoi l'auteur croit-elle que la galanterie n'est pas le synonyme de courtoisie? Qu'elle soit un rituel vide de sens?
4. Quelle solution l'auteur offre-t-elle?

A VOUS LA PAROLE

1. Pourriez-vous citer ce que vous considérez comme gestes de galanterie?
2. Est-ce que la galanterie existe toujours? Quelle preuve pouvez-vous donner pour votre réponse?
3. Expliquez votre concept de la galanterie.
4. Expliquez la différence entre la galanterie et la courtoisie.
5. Est-ce que ce serait possible que les comportements virils et les comportements féminins se ressemblent dans les mêmes situations—comme, par exemple, celle du parking? Expliquez votre réponse.
6. Avez-vous votre propre solution? Laquelle?

ET MAINTENANT ELLES VOLENT

Lundi soir: aéroport de Nîmes-Garon. La salle d'embarquement est remplie de messieurs cravatés, attaché-case à la main. Les femmes, en minorité, ont toutes deux ou trois paquets à la main. «Embarquement immédiat», annonce l'hôtesse. Les passagers s'élancent sur la piste. La *Caravelle* se remplit lentement. Chacun a trouvé sa place. L'avion décolle. Tout va bien. Les passagers défont leur ceinture de sécurité. Quand soudain du micro un steward annonce «Le commandant de bord,

avion français

Madame Isabelle Camus, et son équipage vous souhaitent la bienvenue à bord. Nous atteindrons Paris dans 55 minutes.» Un passager *sursaute, interpelle* un steward: «C'est vraiment une femme qui pilote cet avion?» «Mais oui, Monsieur.» «Mais est-ce que c'est son premier vol? Est-ce qu'elle connaît la Caravelle?»

    «Mais oui, Monsieur. Ne *vous en faites* pas. Elle a déjà fait des milliers d'heures de vol et fait Paris-Nîmes depuis six mois.» Le steward *éclate de rire* et *poursuit:* «Il faut *vous y faire,* Monsieur. Aujourd'hui, nous les hommes faisons le service de cabine et les femmes *tiennent le manche*. . .» Le passager se tait. Et il ne se détendit qu'à Paris. «Alors, convaincu?» Il *haussa* les épaules et maugréa: «Toutes les mêmes. . . Elles veulent être partout aujourd'hui.»

Extrait d'un article de Marie-Claire

bouger d'un brusque mouvement/
  appelle

inquiétez
rit soudainement/continue
habituer
contrôlent *(fig.)*
souleva

QUESTIONS

1. Pourquoi le passager s'inquiète-t-il? De quoi a-t-il peur?
2. Quelle a été la réaction du steward?
3. Le passager a-t-il été vraiment convaincu?

A VOUS LA PAROLE

1. Croyez-vous que cet homme ait des préjugés? Lesquels?
2. Est-ce que le service de cabine devrait rester le domaine des femmes et le manche le domaine des hommes? Expliquez votre réponse.

UN TEST: ÊTES-VOUS SÛR DE NE PAS AVOIR DE PRÉJUGÉS?

Nous n'avons pas toujours conscience de certains jugements qui ont l'apparence de vérité et ne sont en réalité que préjugés tenaces. Ils peuvent influencer insidieusement. Le test suivant vous permettra de redresser certaines erreurs. Voir les réponses et commentaires et comparez-les avec les résultats de vos camarades de classe.

VRAI	FAUX

1. Les filles sont plus obéissantes que les garçons.
2. Les filles sont plus maternelles et altruistes.
3. Les filles sont plus vulnérables aux *atteintes* de l'extérieur.   chocs
4. Les filles s'expriment plus facilement.
5. Les filles sont plus passives.
6. Les filles sont plus sociables.
7. Les filles ont une sensibilité tactile plus développée.
8. Les filles sont plus influençables.
9. Les filles sont plus peureuses.
10. Les filles ont un complexe d'infériorité.
11. Les filles sont moins compétitives.
12. Les garçons sont meilleurs analystes.
13. Les garçons sont plus ambitieux.
14. Les garçons sont plus *doués* pour les maths.   avoir des aptitudes
15. Les garçons sont plus agressifs.
16. Les garçons s'orientent plus facilement dans l'espace.
17. Les garçons sont plus actifs.
18. Les garçons sont plus dominateurs.
19. Les garçons sont plus visuels, les filles plus auditives.
20. Les garçons sont plus inventifs, alors que les filles sont plus à l'aise dans les *tâches* répétitives.   travaux à faire

Réponses aux questions du test

1. faux
2. faux
3. faux
4. vrai (Peu de différence jusqu'à onze à douze ans. *Par la suite,* les filles parlent, écrivent, *rédigent* avec plus d'aisance.) **après cet âge / écrivent des textes**
5. faux
6. faux
7. faux
8. faux
9. faux
10. faux
11. faux
12. faux
13. faux
14. vrai (A partir de douze à treize ans. Jusqu'à là leurs scores sont identiques. L'influence de l'environnement est très *sensible*.) **notable**
15. vrai (Les garçons commencent à s'agresser vers deux ans et demi (date de l'*éclosion* de la personnalité et de la sociabilité.) **naissance**
16. vrai (Les garçons manifestent à partir de l'adolescence une supériorité qui va en s'accentuant en matière d'orientation et de visualisation dans l'espace.)
17. faux
18. faux
19. faux
20. faux

*Extrait d'un article d'*Elle

LA JEUNESSE DEVANT l'alcool

Les Français ont une réputation bien établie de grands buveurs. Du vin à tous les repas, de la bière pour se *désaltérer,* le *pastis* à l'heure de l'apéritif. Sans oublier les alcools après le café. La France *détient* le record des décès par cirrhose du foie: 18 000 par an; et le record de la consommation d'alcool pur: 8 400 400 *hectolitres*.

> faire cesser sa soif / liqueur anisée
> a
> 1 hectolitre = 100 litres

Tous les Français savent qu'il ne faut pas abuser de l'alcool, qu'il est très dangereux et très mal de boire. La propagande antialcoolique, qui a commencé à l'école primaire dès 1894, qui a inspiré on ne sait combien de slogans et d'affiches, qui *alimente* encore aujourd'hui une campagne de publicité à la télévision, a porté ses fruits.

> fournit

Le *témoignage* de la jeunesse est particulièrement éloquent. Elle condamne sans appel l'alcoolisme. Elle voit en lui une *tare* d'adultes, un signe de *déchéance*. Souvent, les jeunes refusent de participer aux *libations* de la table familiale. Pourtant, ils avouent qu'entre eux ils boivent. «Pour *surmonter* leur timidité, pour faciliter les échanges.»

> preuve que donne
> un vice / dégradation
> le fait de boire
> vaincre

Le monde paraît dur, hostile. L'alcool le rend confortable. Les autres vous jugent ou *vous ignorent*. L'alcool les rend amicaux. On boit comme on se drogue.

> ne vous connaissent pas

On est initié à l'alcool comme à la drogue. Dans tous les cas et quel que soit l'âge, les autres jouent un rôle déterminant. On s'est mis à boire pour faire comme les grands. Ou comme les hommes, quand on est une femme. Ou comme les collègues. Très souvent cette initiation correspond à un changement d'existence. Le passage à la vie adulte. Un déménagement. Un nouveau métier. Une promotion professionnelle. Un nouvel amour. Une solitude *imprévue*. Comme si l'on avait peur de ne pas savoir tenir un rôle pour lequel on ne se sent pas préparé.

> inattendue

Ensuite, quand on a découvert l'effet bénéfique de l'alcool, on continue. On le *déguste*. On est fier d'être un connaisseur. Avoir le verre facile prouve qu'on est un

> boit

bon vivant. Tandis que les buveurs d'eau sont des méchants, dit un proverbe. L'alcool donne des forces.

personne qui aime la vie

Interdire l'alcool, le *pourchasser* comme on *traque* la morphine? Il n'y faut pas songer. L'expérience de la prohibition aux Etats-Unis a montré où mène cette politique. Il faut bien se rendre compte qu'aucune culture, aucune société, jamais, n'a pu subsister sans laisser ses membres *recourir,* dans certaines limites, à une drogue quelconque. Pour l'excellente raison qu'il n'existe pas de société idéale dans laquelle les individus pourraient se sentir, tous et à tout moment, totalement *épanouis.*

poursuivre / poursuit

faire appel

détendus, heureux

Là est la clef. Dans l'*épanouissement* de l'individu. On ne vaincra pas l'alcool en en dénonçant les méfaits. Mais en proposant aux Français d'aujourd'hui d'autres manières de se réaliser, qui excluent l'alcool.

développement *(fig.)*

Extrait d'un article de l'Express *par Gerard Bonnot*

QUESTIONS

1. Pourquoi les Français ont-ils la réputation d'être de grands buveurs? Est-ce vrai?
2. Comment est-ce que les Français savent que l'alcool n'est pas bon pour la santé?
3. Et la jeunesse française, quelle est son attitude devant l'alcool?
4. Citez les raisons pour lesquelles on commence à boire et pourquoi on continue à boire.
5. Pourquoi compare-t-on l'alcool à la drogue?
6. Comment est-ce qu'on peut vaincre l'alcool?

A VOUS LA PAROLE

1. A votre avis, pourquoi est-ce qu'on boit?
2. Quel rôle l'alcool joue-t-il dans la vie des étudiants de votre université? Dans la vie de vos parents?
3. Que suggéreriez-vous pour que les gens s'épanouissent sans alcool?

LA LIBERTÉ SEXUELLE

La liberté sexuelle est entrée dans nos *mœurs.* Elle *atteint* même les enfants et les adolescents. Mais si ceux-ci trouvent de plus en plus souvent l'occasion de *faire,* ils ont moins fréquemment la possibilité de parler de ces problèmes, spécialement en famille. Cette absence de dialogue est *néfaste,* car les chemins de la liberté passent par la réflexion, l'expression et le dialogue.

habitudes morales/ réussit à toucher
(sous-entendu) faire l'amour

dangéreux

Pour la culture de masse, la chose est claire: sexualité libérée, plaisir précoce et répété en dehors de toute notion de faute ou de *péché.* En un mot: «Il est interdit d'*interdire.* La publicité *n'est* plus *allusive,* mais *incitative.* Les films, même les

faute contre la loi divine
to forbid/**est explicite**/
   qui pousse à faire quelque chose

meilleurs, rendent sympathiques l'adultère ou l'homosexualité et tournent en ridicule le conjoint ou la famille nombreuse.

Je connais bien les livres d'éducation sexuelle pour en avoir étudié cent quatre-vingt-sept. On est passé, en moins de dix ans, d'une *pudeur* excessive, d'un rigorisme moral à une permissivité totale. D'ailleurs plusieurs auteurs affirment que tous les problèmes d'échecs scolaires, d'incompréhension familiale, de désordres pubertaires ou de difficultés psychologiques seront résolus par la libération sexuelle.   **décence, modestie**

Quant aux parents leur immobilisme est encore plus marqué. Ils savent pourtant que le monde a changé, que, autour d'eux, les jeunes «sortent» plus tôt, prennent la pilule, «vivent avec» (le verbe a remplacé le substantif; «concubinage» ou «flirt» ne se disent plus). Mais leur enfant, lui, est ouvert, confiant: s'il avait des problèmes, il en parlerait sûrement; il est trop jeune, ça ne l'intéresse pas, c'est pour les autres. Si bien que, en dix ans, les vingt mille parents que j'ai interrogés n'ont pratiquement pas évolué.

De toute façon, beaucoup de parents pensent qu'*aborder* ces sujets—eux-mêmes ou à l'école—c'est prendre le risque d'un passage à l'acte. D'autres estiment, *en outre*, qu'ils sont mal placés pour donner des conseils dans un domaine qu'ils maîtrisent mal, *tant* du point de vue linguistique que personnel.   **parler de**

de plus

autant

Voici donc nos enfants perplexes entre une société qui leur dit: «Vas-y, profite de ta jeunesse, prends ton plaisir!», et des parents méfiants, restrictifs et plus encore *muets*. Ont-ils changé ces enfants et à quelle *allure*: celle, supersonique des «mass media» ou celle, *sénatoriale,* des parents?   **silencieux / vitesse**

lente et grave *(fig.)*

Comment faire entendre la voix des enfants qui parlent avec confiance à l'adulte? Nous avons tous trop d'autres choses à faire. Si, oubliant leur courrier ou affaires en retard, quelques pères et mères prenaient le temps d'écouter leur garçon ou fille, peut-être ce dernier aurait-il enfin l'occasion de verbaliser en famille ce qui reste à l'état d'images, d'*impulsions,* de rêves, de désirs, d'interrogations habituellement *informulées* ou même *refoulées*.   **tendances, instincts**

non exprimées ou exposées /

contenues, étouffées

Extrait d'un article de Le Monde *par Denise Stagnara*

QUESTIONS

1. Qu'est-ce que la liberté sexuelle?
2. Quels changements d'attitude dans les livres d'éducation sexuelle ont eu lieu en moins de 10 ans?

3. Quelle influence les films et la publicité ont-ils sur les moeurs?
4. Que pensent les parents de tous ces changements?
5. Pourquoi les parents hésitent-ils à aborder le sujet de la vie sexuelle avec leurs enfants? Et l'école?
6. Quel problème reste important pour les enfants?
7. Selon l'auteur, comment les parents peuvent-ils résoudre le problème?

A VOUS LA PAROLE

1. Que pensez-vous de l'éducation sexuelle?
2. Quel rôle les parents devraient-ils jouer dans l'éducation sexuelle de leurs enfants? Et l'école?
3. Est-ce possible que les parents n'évoluent pas en face des questions parce qu'ils souffrent d'une pudeur excessive?
4. A votre avis, est-ce qu'il nous faut un renouvellement du rigorisme moral? Expliquez votre réponse.

LES JEUNES CROIENT-ils EN DIEU?

Les jeunes sont de moins en moins nombreux à croire en Dieu. Selon un sondage de l'*I.F.O.P.*, 30 pour cent des quinze à trente ans n'ont pas de croyance religieuse (contre 17 pour cent en 1967). Ceux qui croient en Dieu ne sont plus que 62 pour cent (contre 81 pour cent en 1967); 17 pour cent se disent même «sans religion»: dix ans plus tôt, ils n'étaient que 6 pour cent.

Institut français d'opinion public

Les filles sont, semble-t-il, plus croyantes que les garçons (68 pour cent contre 57 pour cent). La foi demeure solide parmi les jeunes agriculteurs. *En revanche,* elle diminue avec l'élévation du niveau d'instruction. Les jeunes se disant *«de gauche»* sont nettement plus incroyants.

par contre
du point de vue de la politique de la gauche

Les discussions religieuses intéressent peu les jeunes: 73 pour cent des quinze à trente ans reconnaissent ne «discuter de religion» que «rarement» ou «jamais».

Comment entendre cette *baisse* de Dieu chez les jeunes? Elle est sans doute très *liée* à ce qu'ils sont. Un *aumônier* de lycée qui a vécu vingt-cinq ans avec eux, risque ce diagnostic: «Pour les jeunes, *l'Absolu* se construit au jour le jour. Car on ne peut *parier* sur l'avenir, il est trop incertain. Inutile donc de vouloir bâtir toute son existence autour d'une grande théorie *métaphysique*, d'un vaste système philosophique ou d'un ensemble de valeurs religieuses. Les jeunes *visent le coup par coup*. Ils *ne vivent pas dans la durée*, mais dans le *ponctuel*. Scepticisme, ou réalisme? Le fait est là: pour la majorité des jeunes, rien ne peut être, une fois pour toutes, définitif et absolu.»

diminution
attachée/prêtre
le grand idéal (*fig.*)
to bet

recherche philosophique des causes et principes premiers/vivre au jour le jour (*fig.*)
ne sont pas concernés par les choses permanentes/ au jour le jour

Extrait d'un article de La Vie *par Jean-Claude Petit et Philippe Genet*

QUESTIONS

1. De quelle façon le nombre de jeunes croyants a-t-il changé en dix ans?
2. Parmi les jeunes, qui sont les plus croyants? les plus incroyants?
3. Comment l'aumônier explique-t-il cette baisse de Dieu chez les jeunes?
4. Etes-vous d'accord avec l'aumônier? Expliquez votre réponse.

A VOUS LA PAROLE

1. Pourquoi croyez-vous que les filles soient plus croyantes que les garçons? Que les agriculteurs soient plus croyants que les gens qui habitent les villes?
2. Est-ce que les discussions religieuses vous intéressent? Pourquoi ou pourquoi pas?
3. Croyez-vous que les jeunes vivent au jour le jour? Expliquez.
4. Quand il s'agit de la religion, est-ce que les jeunes gens sont plus sceptiques que réalistes?
5. Croyez-vous qu'il soit nécessaire de renouveler les valeurs religieuses? Expliquez votre réponse.

SUJETS DE DISCUSSIONS

1. La galanterie n'a jamais été autre chose qu'un rituel de l'instinct sexuel et réservée pour de belles jeunes filles. Est-ce vrai?
2. Inventez votre propre histoire suivant le modèle «Et maintenant elles volent» pour raconter à la classe et puis discuter.
3. Expliquez pourquoi vous croyez que nous avons tous nos préjugés.
4. Présentez et discutez les pressions sociales et l'alcool (la liberté sexuelle).
5. Les femmes n'ont pas la capacité d'être de bons pilotes. (pour ou contre)
6. Est-ce vrai que la galanterie soit le meilleur hommage qu'un homme peut offrir à une femme? Ou est-ce que la galanterie fait sentir aux femmes qu'elles ne sont que des objets faits pour le plaisir des hommes?
7. C'est le monde et l'exemple des parents qui font naître le scepticisme de la jeunesse. (pour ou contre)

CHAPITRE 8

LES SPORTS

L'ESSENTIEL

un(e) athlète	s'entraîner	
	faire	de l'exercice *(m.)*
	se consacrer (à)	l'entraînement *(m.)*
	s'imposer	de la discipline
	courir	la course de fond
		la course à pied
	participer (à)	la compétition
	jouer (à)	le football
		le golf
		le tennis
		le rugby
un joueur, une joueuse	respecter	les règles *(f. pl.)*, les lois *(f. pl.)* de la partie
	se disputer (avec)	les membres *(m. pl.)* de l'équipe *(f.)*
	s'entendre (avec)	l'entraîneur *(m.)*
		l'adversaire *(m., f.)*
		l'arbitre *(m.)*
	marquer	un but
	gagner	un point
	perdre	la partie
le score	être	à égalité
un spectateur, une spectatrice	regarder	un match de basket-ball *(m.)*
	parier (sur)	de base-ball *(m.)*
le (la) fanatique		de boxe *(m.)*
l'amateur *(m.)*		le score
		la course de chevaux

UN MATCH DE TENNIS

un joueur	avoir besoin (de)	un(e) partenaire
		un court de tennis, un
		terrain de tennis
		une raquette
		des balles (f. pl.)

VOCABULAIRE SUPPLEMENTAIRE

un set	le scoring
le service	15 à (tout)
un simple	30
un double	40
être vaincu(e)	jeu
	avantage dehors
	avantage dedans

LA NATATION

un nageur, une nageuse	se baigner (dans)	une piscine
	nager (dans)	la mer
	plonger (dans)	l'océan (m.)
		une rivière
		un lac
	flotter (sur)	l'eau (f.)

Au Secours

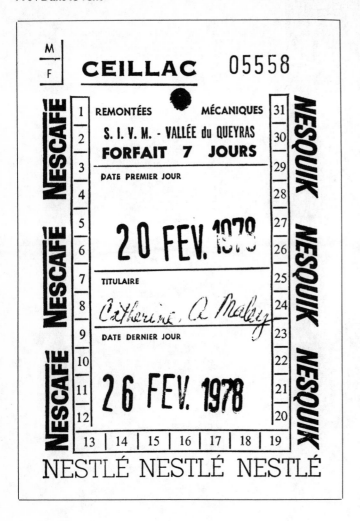

LE SKI

un skieur, une skieuse	acheter	des skis *(m. pl.)*
		les bâtons *(m. pl.)*
		les chaussures *(f. pl.)*
		les fixations *(f. pl.)*
		un ticket de remontée
	faire	la queue
	prendre	le télésiège
	prendre, suivre	des leçons *(f. pl.)* (du moniteur)
	apprendre	la technique
	faire	la descente
	skier (sur)	la piste
		la pente

VOCABULAIRE SUPPLÉMENTAIRE

la station de ski
le ski de fond (nordique)
le ski alpin

LISTE DES SPORTS

la plongée sous-marine

le bateau à voiles, la voile
le windsurfing (la planche à voile)
le surfing
le canotage
l'équitation *(f.)*
   monter à cheval
l'alpinisme *(m.)*
le randonné à pied
le footing

la planche à roulette, le skate-board

la gymnastique
le cyclisme, le vélo
l'athlétisme (m.)
le squash
le patin à roulettes
le ping-pong
le patinage
le hockey

le jogging

I. Micro-conversation

A. Tu ne sais pas **jouer au rugby**
B. Non. Jouer au rugby, ça c'est pour les gens actifs et je ne tiens pas à apprendre.
C. Pourquoi? Es-tu trop paresseux?
D. Oui, je suis trop paresseux et **ça ne vaut pas la peine d'**insister là-dessus.

Substitutions pour **jouer au rugby**	Substitutions pour **ça ne vaut pas la peine de**
1. faire de la gymnastique	1. il ne faut pas
2. nager	2. ce n'est pas gentil de
3. jouer au tennis	3. cela ne te va pas de
4. faire du ski	4. c'est inutile de

II. Complétez les phrases suivantes:

1. Pour gagner un match il faut _____ .
2. Si les joueurs ne respectent pas les règles d'une partie, _____ .
3. Pour un athlète, s'imposer de la discipline veut dire _____ .
4. Un spectateur peut parler sur _____ .
5. Pour jouer au tennis il est nécessaire de _____ .
6. Pour apprendre à faire du ski il faut _____ .
7. Pour devenir un champion de course à pied il faut _____ .
8. Les sports préférés des étudiants à cette université sont _____ .
9. Un amateur de sport est quelqu'un qui _____ .

EXERCICES

I. Expliquez la différence entre les mots suivants et puis employez-les dans des phrases originales.

1. nager et flotter
2. un joueur et un spectateur
3. la mer et le lac
4. faire de l'exercice et s'entraîner
5. le ski de piste et le ski de fond
6. le bateau à voiles et la planche à voile

II. Répondez aux questions suivantes:

1. Comment une personne peut-elle s'entraîner pour un sport?
2. Que fait un arbitre? un joueur de rugby? un entraîneur? un skieur?
3. Comment joue-t-on au tennis?
4. Comment un athlète s'impose-t-il de la discipline?
5. Qu'est-ce qui arrive quand un joueur (un entraîneur) se dispute avec un arbitre?
6. A quoi un télésiège sert-il?
7. Si vous étiez un joueur, quels sentiments éprouveriez-vous si le score était à égalité?
8. Comment le public traite-t-il un arbitre? un entraîneur? un joueur?
9. Comment les étudiants à votre université traitent-ils l'entraîneur (les joueurs) quand l'équipe perd un match? Gagne un match?
10. Quel rôle les sports jouent-ils à votre université?

III. Expliquez ce qui vous amène aux sports (ou à un sport). Quels sont vos sports préférés et pourquoi? Quelle place les sports ont-ils dans votre existence? (Parmi les réponses possibles on peut trouver: **chercher une détente, mener une vie sédentaire, dormir mal, rencontrer des amis, pouvoir jouer bien, se muscler.**)

IV. Quelles sont les qualités d'un entraîneur ou d'un moniteur de n'importe quel sport? (Parmi les réponses possibles on peut trouver: **apprendre à jouer correctement, stimuler et comprendre les joueurs, corriger les défauts, bâtir un club, faire des progrès rapides, avoir du talent et de la gentillesse.)**

V. a. Décrivez l'entraîneur idéal; ensuite, décrivez les entraîneurs à votre université.
  b. Décrivez le joueur stéréotypé du football américain (du basket-ball, du tennis). Ensuite, décrivez les joueurs de ces sports à votre université.

VI. Imaginez: En employant le vocabulaire de l'Essentiel, inventez et préparez par écrit un dialogue auquel l'un(e) de vos camarades devra participer de façon impromptue.

LES FEMMES RATTRAPENT LES HOMMES

rejoignent, atteignent

Un jour, peut-être, les femmes nageront aussi vite que les hommes. Un jour, peut-être, elles courront aussi vite. Cette prédiction aurait pu paraître *déplacée* il y a quelques années. Pas aujourd'hui. Les performances féminines ne cessent de progresser en athlétisme et en natation. Au point qu'un *scientifique*, à présent, doit la prendre au sérieux: il faut en finir avec les idées *reçues* sur la physiologie humaine et sur les différences biologiques entre homme et femme.

incorrecte

un savant
établies

Un scientifique a étudié les meilleures performances des hommes et des femmes sur les stades et dans les piscines au cours des cinquantes dernières années. Le record du 100 mètres féminin a été enregistré pour la première fois en 1934. Les records mondiaux féminins n'ont été reconnus qu'en 1957 pour le 400 mètres, en 1967 pour le 1500 mètres, et en 1972 pour le 3000 mètres. Jusque-là, on pensait que les femmes étaient incapables de courir sur des distances aussi longues sans *s'essouffler*. Et, bien qu'aucune base scientifique ou médicale n'*étayât* cette conviction, on affirmait que c'était dangereux pour leur santé.

se mettre presque hors d'haleine
renforça, soutint

Pour chacune de ces distances le record mondial féminin *remonte* peu à peu le record masculin. Aujourd'hui, les femmes participent avec succès au 5000 mètres, aux marathons sur route, qui couvrent plus de 42 kilomètres.

gagne, revient vers

L'*écart* le plus frappant entre résultats masculins et féminins concerne les courses de fond, spécialité à laquelle, justement, les femmes viennent d'*accéder*. Plus longtemps elles ont pratiqué une discipline, plus elles se rapprochent des records masculins.

la distance, l'intervalle
parvenir

En natation également les femmes rattrapent les hommes. Le *taux* d'amélioration de leurs records est meilleur. De *surcroît*, le *fossé* entre performances féminines et masculines est plus étroit en natation qu'en athlétisme.

pourcentage
en plus/différence (*fig.*)

Une analyse statistique des tendances en natation et en athlétisme laisse prévoir une égalité entre les sexes peut-être dans trois ou quatre *décennies*.

décades

L'égalité a déjà été atteinte dans une épreuve. Les femmes *détiennent* le re-

ont

cord de la traversée de *La Manche* à la nage dans les deux *sens*. Dans chaque cas, la différence est d'environ quarante minutes sur les neuf heures nécessaires à la traversée.

    Dans d'autres épreuves, les femmes sont nettement capables de rivaliser avec succès, *voire* de gagner, au niveau de compétitions nationales et internationales. Il faudrait, après tout, de très fortes équipes masculines nationales pour battre les nageuses et coureuses est-allemandes. Dans ces deux sports, chaque épreuve est une expérience biologique dont le résultat est minuté au 100e de seconde dans des conditions contrôlées et définies avec précision. Dans le passé, des raisons biologiques ont été avancées pour expliquer que les femmes courent et nagent moins vite que les hommes. De toute évidence, ce sont des concepts sociaux, et non biologiques, qui ont interdit aux femmes de participer à tant d'épreuves jusqu'à une période récente.

    Les différences dans les épreuves de course et de natation étaient considérées comme des signes certains d'inégalité biologique fondamentale. Certaines différences biologiques évidentes dans un domaine furent utilisées comme preuve de différences *innées* dans un autre domaine. Un processus similaire est utilisé par ceux qui affirment des différences innées concernant l'intelligence et le comportement entre les sexes, entre les races, entre les classes.

    C'est le devoir de la biologie sociale de *récuser* de telles «vérités évidentes». Souvent, comme dans le cas du sport, elles peuvent être sérieusement trompeuses. Même si les femmes ne parviennent pas à égaler les hommes dans toutes les disciplines sportives, il est clair, à présent, que les raisons de leur retard sont plus sociales que biologiques.

Extrait d'un article de l'Express *par Ken Dyer*

English Channel/directions

et de même

naturelles

refuser de reconnaître

QUESTIONS

1. Pourquoi dit-on qu'un jour les femmes pourront rattraper les hommes?
2. Est-ce un but valable? Pourquoi?
3. Un scientifique a étudié les records mondiaux. Qu'est-ce qu'il a découvert?
4. Où est-ce qu'on peut trouver les records les plus frappants?
5. Comment sont les performances des femmes en natation? En athlétisme?
6. Quel processus a été employé pour expliquer les différences des performances sportives des femmes?

7. Quelle est la raison proposée par l'auteur pour expliquer le retard des femmes dans les épreuves sportives?

A VOUS LA PAROLE

1. A votre avis, quelles sont les «vérités évidentes» dont parle l'auteur?
2. Etes-vous d'accord avec l'explication du retard des femmes dans les épreuves sportives proposée par l'auteur? Expliquez votre réponse.
3. La traversée de La Manche à la nage n'est pas une épreuve de force mais d'endurance. Est-ce vrai?
4. Il y a des gens qui croient que les femmes ne rattraperont jamais les hommes ni sur le plan sportif ni sur le plan intellectuel. Etes-vous d'accord?
5. Croyez-vous que les femmes qui pratiquent trop les sports perdent leur féminité? Pourquoi ou pourquoi pas?

LA VIOLENCE, SUBMERGE-T-ELLE NOS STADES?

Une étude française conduite par deux journalistes sportifs montre qu'en une saison de football professionnel de première division, plus de 10 000 journées sont perdues par accidents ou blessures. Les joueurs d'un club comme Nice totalisent à eux seuls plus de 1000 jours d'*indisponibilité*. Chaque match entre Nice et *Bastia* marque une *étape* nouvelle dans l'*escalade* des brutalités: le sport *s'efface* désormais devant la vendetta. On pourrait multiplier les exemples. Alors, *outrances*? Problèmes inévitables *dès lors* qu'il y a compétition? Ou évolution inquiétante d'un sport chaque jour davantage *rongé* par ce cancer des sociétés modernes—la violence? *(unavailability/**ville en Corse** / phase/**ascension**/**disparaît** / **choses excessives** / **aussitôt que** / **attaqué**)*

«La violence n'est pas un état d'esprit du football français», dit un des joueurs du club de Nice, «mais l'état d'esprit de certains joueurs. Il y a des garçons qui ne sont plus les mêmes lorsqu'ils rentrent sur un terrain. Tout le monde le sait: ils feront tout pour arrêter le ‹*bonhomme*› . Il y a quelques types comme ça en France. Je ne veux pas citer de noms, mais tout le monde les connaît. Ce sont eux qui font le mal.» *(**le type, le gars; l'adversaire**)*

«Sur le terrain, c'est la guerre, affirme un entraîneur. Les défenseurs me paraissent aujourd'hui moins virils qu'à mon époque. . . ou que je l'étais moi-même.» «Les joueurs sont pris dans l'*engrenage* infernal des contrats, de l'argent, des matches à gagner à tout prix», estime un arbitre. Où est la vérité? Le football français est-il plus violent que ses homologues anglais, allemands ou latins? Nos joueurs sont-ils plus fragiles? Nos arbitres moins compétents? L'opinion d'un joueur: «Je ne considère pas le football français comme un football particulièrement violent. Mais le sport est toujours le miroir d'une société et le football tend à devenir de plus en plus impitoyable. Un joueur professionnel doit amasser un maximum d'argent dans une carrière relativement courte. Pour *empocher* la *prime*, il doit gagner. Pour gagner, il doit empêcher l'attaquant adverse de marquer. Certains *sont tentés* de le faire par tous les moyens.» *(wrangling, negotiations (fig.)) (**mettre dans la poche/somme donnée en plus du salaire/ont grande envie**)*

«Mais une frontière existe, celle qui passe entre l'anti-jeu et le jeu méchant. Mais

qu'un joueur cherche *sciemment* à en blesser un autre: voilà qui est impardonnable.» **exprès**
Les sanctions, en France, sont insuffisamment sévères: le joueur coupable s'en tire
couramment avec un seul match de suspension.

Le football français est trop hétérogène enfin. A côté des grandes équipes
existent d'autres formations qui n'ont pas l'*envergure* d'équipes professionnelles et **classe**
qui se battent pour leur *survie*. Il leur faut absolument gagner, et par tous les **vie future**
moyens. Surtout sur leur terrain. Car c'est là que se font les *recettes* qui assurent **l'argent gagné**
leur existence. Elles peuvent être tentées de se dire: «Tuons un tel joueur, au moins,
ainsi, on sera sûr qu'il ne marquera pas de but.»

Le public français n'est pas un public méchant. La France ne connaît pas encore
les excès des foules en Grande-Bretagne où parfois les matches se terminent en
combat de rues; ou les matches d'Amérique du Sud où ce n'est pas la police qui
assure l'ordre mais l'armée.

Mais on peut se demander également si, dans les sociétés modernes, le stade ne
fait pas de plus en plus office de *défouloir* où on se libère de toute une agressivité **endroit où on peut laisser aller les émotions**
contenue au *fil* des jours. **réprimée, retenue/tout le long**

Extrait d'un article de Paris-Match *par Jean-Claude Halle*

QUESTIONS

1. Qu'est-ce que c'est que le football français?
2. Comment se fait-il que les joueurs de football français deviennent indisponibles?
3. Pourquoi est-ce qu'on parle d'une vendetta entre Nice et Bastia?
4. Pourquoi certains joueurs changent-ils de personnalité sur un terrain de football?
5. Qu'est-ce qui est cause du mal dans le football français?
6. Quelles pressions jouent un rôle dans la vie d'un footballeur professionnel?
7. Qu'est-ce qu'une prime?

8. Pourquoi est-il nécessaire qu'un joueur professionnel amasse beaucoup d'argent en très peu de temps?
9. Expliquez la différence entre «l'anti-jeu» et «le jeu méchant».
10. Comment sont les sanctions en France? Aux Etats-Unis?

A VOUS LA PAROLE

1. Est-ce que la vendetta existe entre des équipes universitaires américaines? Entre les équipes professionnelles? Expliquez.
2. Comment sanctionne-t-on les mauvais joueurs aux Etats-Unis?
3. Croyez-vous que le football américain soit marqué par la brutalité et la violence? Expliquez votre réponse.
4. Il y a des gens qui pensent que le sport n'existe plus. Etes-vous du même avis? Pourquoi ou pourquoi pas?

LE SKi fRANÇAis: AU foNd du qOUffRE

trou extrêmement profond (*fig.*)

Le ski français traverse la crise la plus grave de son histoire. On se demande: «Alors, cette équipe masculine, ça vient? C'est pour quand la sortie du tunnel?» Et la réponse est chaque fois la même: «Patience. Rebâtir une équipe ne peut se faire en un jour. Il faut procéder lentement, méthodiquement et, si possible, intelligemment.» Réponse qui laisse sur leur faim tous ceux qui se demandent encore comment le ski français, dominateur et triomphant, a pu tomber si bas.

L'angoisse, les interrogations continuelles, bref ces petits riens qui, réunis, pèsent beaucoup, sont, selon le directeur des équipes de France de ski, la cause essentielle des mauvais résultats des garçons.

Les jeunes s'interrogent davantage, s'inquiètent de leur avenir professionnel. Les parents aussi. Or, pour réussir dans le ski, sport où l'on ne doit jamais hésiter à prendre des risques, il faut être sûr de soi, *se sentir bien dans sa peau*. Le talent, la **avoir de la confiance en soi** qualité ne peuvent rien contre la doute. Un exemple d'un garçon de vingt-trois ans—victime d'une blessure au genou, qui a dû abandonner et s'est retrouvé *désemparé*, a beaucoup marqué ses *coéquipiers*. Et aussi la décision du champion **perdu/membres de son équipe** de France universitaire, qui avait l'*étoffe* d'un grand champion, mais a préféré faire **l'aptitude** ses études de médecine, a troublé les esprits.

Le directeur des équipes veut faire passer un *brevet* d'Etat de moniteur à chaque **diplôme** coureur de l'équipe de France de plus de dix-huit ans. Il souhaite également obtenir *de l'Education* l'organisation d'un cycle d'études différent, car les skieurs, sur les **du ministre de l'Education nationale** pistes cinq mois au moins sur douze, devraient pouvoir passer leur bac comme n'importe qui. Il espère ainsi résoudre un problème qui se pose à tous. Et que personne, d'ailleurs, à l'étranger, n'a pu encore résoudre. Pas même les Américains.

Reste la question la plus délicate: l'argent. «Je n'ai jamais compris, avoue le directeur, qu'on ait fait tant d'histoires parce que les champions étaient payés. Pourquoi un chanteur pouvait-il gagner des millions à dix-huit ans? Et pourquoi pas un skieur?»

Avenir social *éclairci*. Brevet de moniteur. Assurances financières. Tout cela est important et devrait réaffirmer les caractères. Mais sera-ce suffisant pour transformer en *vainqueurs* des garçons habitués aux défaites, résignés apparemment à l'*anonymat*, et qui n'ont plus depuis longtemps la *flamme* du gagnant?

devenu clair

champions
anonymity/**enthousiasme**

*Extrait d'un article de l'*Express *par Paul Katz*

QUESTIONS

1. Quelle crise y a-t-il chez les skieurs français?
2. Comment les Français ont-ils réagi?
3. Comment le directeur de l'équipe a-t-il expliqué les mauvais résultats?
4. Quels risques peut-on courir en faisant du ski?
5. Pourquoi les jeunes skieurs français s'inquiètent-ils de leur avenir?
6. Quelles suggestions le directeur de l'équipe a-t-il données pour résoudre les problèmes?
7. Quel rôle l'argent joue-t-il dans tout cela?

A VOUS LA PAROLE

1. Comment sont les équipes françaises de ski actuellement? En avez-vous une idée? Et l'équipe américaine?
2. De quoi a-t-on besoin pour gagner?
3. Pourquoi un pays attache-t-il beaucoup d'importance à une équipe de champions?
4. Croyez-vous que les Américains attachent assez d'importance à leurs équipes de la compétition internationale? Expliquez.

SUJETS DE DISCUSSIONS

1. Expliquez pourquoi le football américain est plus (ou moins) dangereux que le rugby.
2. Expliquez les raisons pour lesquelles vous aimeriez (ou vous n'aimeriez pas) pratiquer un sport dangereux.

3. Citez les sports dangereux et expliquez pourquoi vous croyez qu'il faut (ou qu'il ne faut pas) les supprimer.
4. Mieux vaut la violence sur un terrain de sport que sur un champ de bataille. (pour ou contre)
5. Dans un match gagner c'est l'essentiel et par n'importe quel moyen! (pour ou contre)
6. Les équipes féminines (les athlètes féminines) n'atteindront jamais les records des équipes masculines (des athlètes masculins). (pour ou contre)

chapitre 9
LES LOISIRS

L'ESSENTIEL

une personne	s'amuser	
	se distraire	
	s'ennuyer	
	passer	son temps (à faire qqch.)
	perdre	
	avoir	le temps (de faire qqch.)
	aller (à)	un concert
	assister (à)	un opéra
		un ballet
	voir	un film
		une pièce (de théâtre)
		un spectacle
	jouer (à)	les cartes
		le bridge
		le poker
		un jeu de hasard

LA TÉLÉVISION

un téléspectateur, une
    téléspectatrice

brancher   un poste de télévision,
allumer   un téléviseur, la télé
éteindre   (couleur)
                  une radio, un transistor
                  un électrophone

écouter   un disque

changer (de)   chaîne (f.)

régler   le son
                  la couleur

capter, prendre   la station

augmenter/   le volume
   baisser

un speaker, une
    speakerine   présenter   une émission
un(e) journaliste   le journal télévisé, les
                       informations (f. pl.),
                       les nouvelles (f. pl.)

un animateur, une ani-   annoncer   le bulletin météo
   matrice, un présenta-   transmettre, émettre   les programmes (m. pl.)
   teur, une présenta-   sélectionner   de sports (m. pl.)
   trice   de musique (f.)
                              de variétés (f. pl.)
                       un spectacle

VOCABULAIRE SUPPLÉMENTAIRE

l'écran (*m.*)
le bouton
l'antenne (*f.*)
un feuilleton
un téléfilm
un metteur en scène
une vedette

un comédien, une
   comédienne
tomber en panne
la panne
le réparateur
l'atelier (*m.*) de
   dépannage

Hi-fi — Télévision

Electrophone Grundig - P.L. 215 Pile et secteur	**290,00 F**
Chaine compacte Philips, AH 963, puissance 2 × 9 watts	**2350,00 F**
Téléviseur noir et blanc Grundig écran 61 cm	**1.290.00 F**
Téléviseur noir et blanc portable Grundig - écran 51 cm . .	**1.480.00 F**

I. Multi-conversation: En regardant la télé

A. 1. Qu'est-ce qu'il y a à dix-huit heures sur la deuxième chaîne?
   2. Sais-tu ce qu'il y a après les nouvelles?
   3. Sais-tu quelle sera l'émission suivante?

B. 1. Je crois qu'il s'agit d'un documentaire.
   2. Il y a peut-être un western.
   3. Je pense qu'on va montrer un spectacle de variétés.

C. 1. Ça ne te gêne pas si l'on change de chaîne?
   2. Est-ce que tout le monde est d'accord pour le regarder?
   3. Nous ne devrions pas le manquer.

D. 1. Eh bien, j'aimerais mieux regarder l'émission musicale.
   2. Mais oui, je tiens à le voir.
   3. Laisse-moi regarder le reste du programme.

II.

1. Que fait un téléspectateur? une speakerine? un animateur?
2. Quelles sont les parties d'un téléviseur?
3. Qui annonce les nouvelles?
4. Quelle est la différence entre *passer le temps* et *perdre le temps? s'amuser* et *s'ennuyer? le journal télévisé* et *un documentaire? une speakerine* et *une présentatrice? un metteur en scène* et *une vedette?*
5. Indiquez ce qu'il faut faire pour regarder la télé. Par exemple, d'abord il faut brancher le téléviseur.

LES JOURNAUX ET LES REVUES

un lecteur, une lectrice	feuilleter	un journal
	lire	une revue, une magazine
		un quotidien
		un hebdomadaire
		un exemplaire
		un numéro
	regarder	un article
		la publicité
		la bande dessinée
un éditeur	écrire	l'éditorial *(m.)*
un reporter	faire publier	un article
un correspondant	rédiger	

VOCABULAIRE SUPPLÉMENTAIRE

le (gros) titre
la première page, la «une»
s'abonner (à)
un abonnement
les petites annonces
   les demandes *(f. pl.)* d'emplois
   les offres *(f. pl.)* d'emplois
une annonce
une réclame
des illustrés *(m. pl.)*

I. Quelle est la différence entre:

1. un quotidien et un hebdomadaire?
2. un journal et une revue?
3. un éditeur et un lecteur?
4. une annonce et un article?
5. un reporter et un correspondant?
6. une demande d'emploi et une offre d'emploi?
7. un éditorial et un article?
8. feuilleter et lire?

EXERCICES

I.

1. Pourquoi va-t-on à un opéra? à un ballet? à un concert? à un film?
2. Qu'est-ce que c'est qu'un jeu de hasard?
3. Quels avantages (désavantages) la télévision a-t-elle sur la radio?
4. Quel speaker (quelle speakerine) préférez-vous à la télé? Pourquoi?
5. Pourquoi les gens s'abonnent-ils à une magazine?
6. Quelle est votre magazine préférée? Pourquoi?
7. Quel est votre journal préféré? Pourquoi?
8. Quelle est votre bande dessinée préférée? Pourquoi?
9. A quoi les petites annonces servent-elles?
10. Comment vous distrayez-vous? Pendant votre temps libre quelles sont les activités que vous pratiquez? Décrivez-les.

  MARDI 1er NOVEMBRE

 MARDI 1er NOVEMBRE

 MARDI 1er NOVEMBRE

11.40 — CONCERT
Festival d'Albi

12.15 — REPONSE A TOUT

12.29 — LES TIFINS

12.33 — MIDI PREMIERE
Nicole Croisille

13.00 — TF1 ACTUALITES

13.45 — RESTEZ DONC AVEC NOUS LE MARDI
14.30 L'homme sans visage :
Le Secret des Templiers

16.15 — SALOMON ET LA REINE DE SABA
Un film de King Vidor
avec *Gina Lollobrigida, Yul Brynner, Georges Sanders, Marisa Pavan*
Salomon et son frère Adonias viennent de triompher des Egyptiens lorsqu'ils apprennent que leur père, le roi David, agonise. Tandis qu'Adonias poursuit les armées en retraite, Salomon court au chevet de son père qui le désigne comme son successeur. Adonias, fou de jalousie, jure qu'il ne reconnaîtra jamais la souveraineté de son frère. La Reine de Saba qui a promis au Pharaon de saper la foi des Israélites, vient rendre visite à Salomon. Celui-ci est séduit par sa beauté et dédaigne l'amour de la douce Abishag. De son côté, la Reine tombe amoureuse de Salomon et se donne à lui...

18.30 — LES PATAPLUCHES
A la porte

18.35 — L'ILE AUX ENFANTS
Un curieux brocanteur

18.55 — LES TIFINS

19.03 — Feuilleton :
LE 16 A KERBRIANT
Le Capitaine Madelin est venu au Moulin Blanc pour inviter Anne et Blanche chez lui. Elles ont refusé. Mais Jean le Goff annonce à Antoine qu'un coup de main contre les voies de chemin de fer de la région est prévu pour la nuit suivante. Il ordonne donc aux deux femmes d'accepter l'invitation du capitaine, pour détourner les soupçons qu'il pourrait avoir sur les attaches des habitants de la ferme avec la Résistance...

19.15 — UNE MINUTE POUR LES FEMMES
Le logement : devenir propriétaire mais comment ?

19.20 — AU PAYS DE L'ARC-EN-CIEL
L'Enfant de la Jungle
Réalisation : Albert S. WAXMAN
avec *Stephen Cottin, Susan Conway, Lois Maxwell, Butley Petawabono*

19.43 — EH BIEN RACONTE

20.00 — TF1 ACTUALITES

20.30 — Variétés :
DALIDA POUR TOUJOURS
Réalisation : Michel DUMOULIN

21.48 — Théâtre :
LA FOI, L'ESPERANCE, ET LA CHARITE
Petite danse de mort en 5 tableaux
Réalisation : Bernard ROTHSTEIN
avec *Odette Barrois, Alain Buttard, Anice Clément, Alain David*

23.15 — TF1 ACTUALITES

13.50 — Feuilleton :
VALERIE
Valérie, sur les conseils de la vieille Fromentine, finit par donner rendez-vous à Laurent au pavillon de chasse.

14.03 — AUJOURD'HUI MADAME

14.54 — Série :
LE JUSTICIER
LES AMANTS TRAGIQUES
avec *Ken Howard, Dick Balduzzi, Chris Robinson, Neva Patterson*
Un tueur réussit à cambrioler une banque. Il emporte une cassette pleine d'or mais la perd. Et ce n'est que le début de ses malheurs !

15.42 — FESTIVAL MUSIQUE MALLORQUE

16.28 — ILS ETAIENT NEUF CELIBATAIRES (1939)
Un film de Sacha Guitry
avec *Sacha Guitry, Elvire Popesco, Pauline Carton, Henri Crémieux*
La Comtesse Stasia Batchefskaïa rentre chez elle exaspérée par la nouvelle qu'elle vient d'apprendre. Elle prend rendez-vous sur le champ avec son avoué dans un restaurant voisin. Stasia arrive et raconte son souci : un décret-loi vient d'être voté qui limite la résidence en France des étrangers non naturalisés.

18.25 — DOROTHEE ET SES AMIS
- Titi et Grosminet :Grosminet, Hector , Titi à l'hôpital
- Ciné-Club jeunes

18.40 — C'EST LA VIE

18.55 — DES CHIFFRES ET DES LETTRES

19.20 — SOIF D'AVENTURES
Brésil, terre de contraste
Réalisation : Yvon COLLET
et Pierre BARTOLI
Le Brésil est un pays d'extraordinaires contrastes. Ainsi Brasilia, ville futuriste, côtoie des villages d'Indiens sauvages. Ce documentaire montre les chutes de l'Iguazu l'Amazone, fleuve-mer.

19.45 — OUVREZ L'OEIL

20.00 — JOURNAL DE L'A2

20.35 — UN VIOLON SUR LE TOIT (1971)
Réalisation : Norman JEWISON
avec *Norma Grene, Nelly Picon, Léonard Frey, Paul Mann*
"Un violon sur le toit" est l'histoire de Tevye, le laitier d'Anatevka, qui possède une femme, Golde, à la langue acérée, cinq filles à marier, un cheval boiteux et un village gai mais opprimé. Tevye n'a pas d'argent mais il a foi en Dieu et s'adresse à lui simplement pour lui faire part de ses problèmes. Et chaque fois qu'il relève la tête, la musique du violoniste sur le toit est là, symbolisant le destin et la tradition de la race juive qui se maintient en dépit des oppressions...Une de ses filles Chava veut quitter la maison pour épouser le Russe Fyedka qui n'est pas juif. Cela est absolument contraire à la tradition...

23.30 — JOURNAL DE L'A2

18.45 — FR3 JEUNESSE

19.05 — LES ANIMAUX ET LEUR SURVIE
Le Big Bommie

19.30 — LA ROSE BLEUE
Réalisation : R. AMIOT
et Jacques FABRE

19.40 — TRIBUNE LIBRE
Prélature de la
Mission de France

19.55 — FR3 ACTUALITES

20.00 — LES JEUX DE 20 HEURES
Ce soir à Lille

20.30 — Westerns, Policiers, Aventures
LA VALLEE DE LA POUDRE (1958)
Un film de Georges MARSHALL
avec *Glenn Ford, Leslie Nielson, Shirley Mac Laine, Slim Pickens*
1880. A peine débarqué à Powder Valley, Jason Sweet provoque le fier-à-bras de l'endroit et l'assomme. Un petit exercice de virtuosité balistique permet, en outre, de se faire une idée de sa connaissance des armes à feu. C'est que Jason veut éviter les querelles et montrer en même temps qu'il ne se laissera pas intimider. Or, il a un important troupeau de moutons à faire paître sur les pâturages de Powder Valley et il sait que les éleveurs de bœufs détestent le voisinage des ovins.

21.50 — FR3 ACTUALITES

II.

1. Regardez le programme de télé pour mardi le premier novembre. Combien de chaînes y a-t-il? A quelle heure commencent les programmes?
2. Quelles sortes de programmes y a-t-il? Quelles émissions vous intéressent? Pourquoi?
3. Comparez les programmes à la télé française et à la télé américaine.

III. Pour être journaliste il faut savoir interviewer quelqu'un. Il faut savoir poser des questions pour obtenir une information et des réactions personnelles sur un thème, une idée, ou sur l'interviewé(e) lui(elle)-même. L'intervieweur ne doit pas suggérer des réponses ou influencer ou critiquer les réponses obtenues.

En divisant la classe en deux groupes, les journalistes poseront les questions et les autres prépareront les réponses. Essayez de simuler les rôles:

1. d'un acteur qui n'a pas d'emploi
2. d'un joueur de football sanctionné
3. d'un téléspectateur fanatique qui passe des heures devant le petit écran
4. d'un joueur de tennis battu par une femme
5. d'un metteur en scène mis à la porte

Les autres étudiants, ayant le rôle d'observateurs, pourraient juger si le journaliste a réussi à bien interroger son interlocuteur (interlocutrice).

IV. Imaginez: En employant le vocabulaire de l'Essentiel, inventez et préparez par écrit un dialogue auquel un(e) de vos camarades devra participer de façon impromptue.

TV: La Révolution silencieuse

La télévision est devenue un membre *à part entière* de la famille française. C'est une véritable révolution, mais une révolution étrangement silencieuse. Dans une maison le poste est ouvert en permanence, même pendant le dîner. Les voix de la TV sont presque constamment couvertes par le *brouhaha* des conversations. On rit, on discute, les petits enfants jouent sous la table, tandis que *s'égrènent* les informations, que parle un ministre ou qu'une speakerine—«décolletée et maquillée comme au théâtre»—présente un *générique* de film.

De temps en temps, le silence se fait. Comme si un mystérieux signal s'allumait, l'attention est soudain *captée:* une affaire politique plus excitante qu'un film ou un horrible accident d'autocar ou les dernières statistiques de l'emploi, mais on n'en continue pas moins à bavarder.

Le téléviseur est un *bien* de consommation, un élément de confort, *au même titre* que le réfrigérateur ou le *lave-vaisselle*. Même si l'on n'a pas conscience de ce qu'il peut apporter dans la vie quotidienne, on sait qu'on ne pourra plus s'en séparer. La révolution silencieuse qui est en cours est irréversible.

Dans la plupart des cas, il n'y a qu'un *récepteur* par foyer. Il est *disposé* dans la salle de séjour ou dans la cuisine. Rarement dans la chambre des parents, où il

un vrai membre intégré

bruit
se présentent l'une après l'autre

les noms du producteur, des acteurs, du metteur en scène
attirée, gagnée

bénéfice, avantage / pour la même raison
dishwasher

poste/installé

émigrera après l'achat du poste couleur. Ce n'est quand même pas un meuble comme les autres. Il occupe la meilleure place, sa présence modifie l'*ordonnance* des sièges et l'*éclairage* de la pièce.

    ordre
    lumière

On a remarqué que le téléspectateur dans une situation de repos après le travail et la fatigue du transport, avalait tout. Tout, sauf l'absence d'images et de son. «On a l'impression, dit un réparateur, qu'un poste en panne, c'est plus grave qu'un décès dans la famille. Vivre sans télé, c'était comme être exclu de la communauté nationale.» Pourtant, les Français refusent d'admettre leur dépendance.

La famille P. *dispose de* trois récepteurs, dont un en couleurs. «Le soir, dit Mme P., chacun peut sélectionner son programme, mais cela n'empêche pas les *accrochages*.»

    ont l'usage

    disputes

C'est la télé-drogue. Mais de plus en plus rares sont les spectateurs qui concentrent leur attention pendant une heure ou deux sur une émission. Souvent, ils s'endorment au milieu, ou font d'autre chose comme *coudre* ou *tricoter* en jetant de temps en temps un coup d'œil sur l'écran.

    sewing/knitting

Que la télévision ne mobilise pas toutes les capacités d'attention, les instituteurs l'ont depuis longtemps constaté. L'un d'eux assure: «Si j'interroge mes élèves sur *un évènement d'actualité,* je remarque que ceux qui en ont pris connaissance par la presse ou par la radio en ont une idée plus complète que ceux qui l'ont vu à la télévision, et dont ils ne retiennent que les images.»

    incident du moment présent

La télévision est le révélateur des problèmes de notre société. Il est plus facile de l'accuser de tous les maux que d'apprendre à en faire bon usage. Si les enfants subissent l'influence des films de violence, est-ce à la télévision qu'il faut *s'en prendre,* ou aux parents qui les laissent les regarder? Si on ne lit pas, si on ne va plus au théâtre ou au cinéma, il est facile de *tirer sur* le téléviseur.

    le rendre responsable

    blâmer

Aujourd'hui la télévision a pris une telle importance dans la vie française qu'elle est le miroir devenant souvent glace déformante où peu de gens se reconnaissent. Elle est, en tout cas, partie intégrante de notre vie. Elle échappe aux apprentis sorciers[1] qui, régulièrement, *tentent* de la *planifier,* jouant la *concurrence* ou le complémentarité entre les chaînes, *se gargarisant* d'un mot qui n'a plus de sens, ou en a trop: qualité.

    essayent/organiser/rivalité
    y prenant un grand plaisir

La télévision peut être la pire ou la meilleure des choses. Il faut l'*aborder* avec modestie et respect; comme un être vivant.

    approcher

*Extrait d'un article de l'*Express *par Jean-Paul Aymon*

---

[1]**apprenti sorcier** = celui qui, par imprudence, est la cause d'évènements dangereux dont il n'est plus le maître

QUESTIONS

1. Quel rôle la télévision joue-t-elle chez les Français? Citez des exemples précis pour appuyer vos idées.
2. La révolution silencieuse: de quoi s'agit-il?
3. Qu'est-ce que la télé-drogue?
4. Quelle épreuve a été donnée pour montrer que la télévision ne mobilise pas toutes les capacités d'attention? Essayez de faire votre propre expérience pour le prouver ou prouver le contraire.

A VOUS LA PAROLE

1. Que pensez-vous du rôle de la télévision dans la vie des Américains? Et des Français?
2. Croyez-vous que la télé soit une drogue? Expliquez votre réponse.
3. Quel est votre programme préféré à la télé? Racontez-le. Décrivez-le. Expliquez pourquoi vous l'aimez.
4. Comment est-ce qu'on peut apprendre à faire bon usage de la télévision?
5. Que pensez-vous de la qualité des programmes sur les chaînes de TV? Que pourriez-vous faire pour changer la qualité des programmes?

LES FRANÇAIS ET LEURS distractions préférées

On a essayé de déterminer les causes principales de la désaffection des Français pour le cinéma par moyen d'un sondage. Répondez aux questions du sondage pour découvrir si vos comarades de classe sont du même avis que les Français en comparant vos réponses avec celles des Français.

1. Pour chacune des activités suivantes, pouvez-vous dire si cela vous intéresse beaucoup, si cela vous laisse indifférent, ou si cela vous ennuie?

	Intéressé	Laisse indiffé-rent	Ennuie	Sans opinion
Télévision	76%	17%	5%	2%
Cinéma	61	32	6	1
Musique	72	21	6	1
Littérature	56	31	12	1
Peinture	36	48	15	1

2. Voici une liste des choses que l'on peut faire pour occuper ses loisirs lorsqu'on sort le soir, par exemple. Quelle est celle que vous-même, personnellement, préférez faire?

Aller chez des amis	51%
Aller au cinéma	14
Aller au théâtre	13
Aller au restaurant	9
Aller au concert	4
Aller au musée	2
Sans opinion	7

3. Si vous aviez à donner une définition du cinéma, d'après la liste suivante laquelle choisiriez-vous?

La possibilité de s'évader de la vie de tous les jours	54%
Un moyen d'apprendre des choses nouvelles	31
La représentation de la vie telle qu'elle est	15

4. Vous paraît-il nécessaire qu'il y ait un contrôle des films, c'est-à-dire une censure?

Oui   65%   Non   34%   Sans opinion   1%

5. Quelle est la principale raison qui vous incite à aller au cinéma?

Le sujet du film	75%
La vedette du film	33
Les critiques de la presse	26
Le metteur en scène	18
Ce que m'ont dit amis ou parents	18
Le fait que ce soit un nouveau film	15

6. Quelle est la raison principale pour laquelle vous n'allez jamais au cinéma?

Il y a suffisamment de films à la télévision.	46%
C'est une sortie très chère.	15
Il n'y a pas de bonne salle à proximité de chez moi.	11
Les films que l'on peut voir près de chez moi ne me tentent pas.	10
Sans opinion	18

7. En ce qui concerne les films que vous voyez à la télévision, ou au cinéma, pouvez-vous classer ces différents genres par ordre de préférence?

Film comique	17%
Documentaire	15
Policier	14
Comédie dramatique	14
Western	11
Film d'aventures	10
Science-fiction	7
Comédie musicale	7
Dessin animé	1
Film érotique	1

cartoon

*Extrait d'un article de l'*Express *par Danièle Heymann*

QUESTIONS

1. Quelles sont les activités préférées des Français? et les loisirs préférés?
2. Quelle est la définition du cinéma donnée par la plupart des Français? Que pensez-vous de cette définition?
3. Pour les Français le sujet du film est beaucoup plus important que les vedettes. Pourquoi croyez-vous que ça soit vrai?
4. Selon les résultats du sondage quelles sont les causes de la désaffection des Français pour le cinéma?

A VOUS LA PAROLE

1. Quelles sont vos distractions préférées? Pourquoi les avez-vous choisies?
2. Quelle est votre propre définition du cinéma?
3. Pour vous, qui est le plus important—le metteur en scène ou les vedettes d'un film? Expliquez votre réponse.
4. Quelles différences avez-vous trouvées entre vos réponses et celles des Français? Pouvez-vous les expliquer?

Un Acteur¹ parle des journalistes

Les journalistes posent des questions. Futiles, bien entendu. Je n'ai rien «d'intelligent» à dire sur le théâtre, moi: j'en vis. Le théâtre est ma chair, mon sang, mon humeur, mon oxygène; il n'est ni mon étude, ni ma philosophie. Ce sont les critiques qui en font de la littérature. Je me demande si un peintre sait dire «des choses intelligentes» sur sa peinture, avant de les avoir lues sorties de la plume d'un monsieur qui n'a jamais peint?

Un comédien est périodiquement prié de se raconter un peu, beaucoup, passionnément. Hélas! ce qu'un comédien pense de lui-même est d'une telle monotonie! Prenez-moi: j'ai adopté, une fois pour toutes, l'opinion très juste de l'excellent critique qui m'accorda un jour «du *génie*». Je *ne tiens pas à* revenir là-dessus. Croyez-moi: un fleuve de jugements plus nuancés ne parviendra pas à effacer l'avis pertinent de ce bon journaliste-là; les mauvaises critiques qu'il m'arrive d'avoir ne font de moi qu'un génie *méconnu* et furieux.

qualité exceptionnelle/n'ai pas grande envie de

incompris
de mauvaise humeur

Je suis souvent *de mauvais poil,* je sais, je sais. Et alors je réponds mal aux journalistes. Mal ou pas du tout! Mais c'est que j'ai peur—moins de leurs questions que de mes réponses. J'ai peur de décevoir. Je me sens si pauvre par rapport à moi-même. J'ai été tant de beaux personnages pleins de mots si beaux! Quand on a exprimé ses sentiments comme Shakespeare, Racine et Marivaux², qu'on a été drôle comme Molière², bref, quand on a eu l'esprit de dix *spirituels* et la prompte *repartie* d'un bon dialoguiste ... il est difficile de ne pas se déplaire en s'entendant parler comme soi-même pendant les entractes. Je ne me plais jamais dans le rôle de la vedette interviewée. On a beaucoup parlé du paradoxe du comédien. Il y a aussi un paradoxe du journaliste: c'est de venir chercher, chez un comédien, les mots qu'il veut mettre dans son journal. J'ai toujours envie de lui répondre: «Vous voulez dire des choses sur moi? Dites-les. Dites-les avec *des fleurs,* si possible!» Moi, je ne sais pas m'expliquer. Je suis un illusionniste né pour jongler avec les mots des autres.

personnes qui manifestent une grande ingéniosité dans l'expression des idées et des mots/réponse vive

gentillesse

Extrait d'un article de Elle *par Fanny Deschamps*

¹Robert Hirsch de la Comédie française

²Racine, Molière: auteurs français du 17ᵉ siècle; Marivaux: du 18ᵉ siècle

QUESTIONS

1. Que pense l'acteur de son métier? Et du métier du journaliste?
2. Qui fait de la littérature? Etes-vous d'accord à ce sujet?
3. Qu'est-ce qu'un entracte?
4. Selon Hirsch, quel est le paradoxe du comédien?
5. Quel est le paradoxe du journaliste?
6. Pourquoi cet acteur croit-il être illusionniste?

A VOUS LA PAROLE

1. Croyez-vous que la modestie existe chez les acteurs? Expliquez.
2. Avez-vous jamais été interviewé? Croyez-vous que les journalistes aient tendance à changer les réponses de leurs interviewés?
3. A votre avis, quel est le rôle d'un acteur?

SUJETS DE DISCUSSIONS

1. Quelle influence les films violents ont-ils sur notre vie? Est-ce qu'on apprend la violence en la regardant?
2. Expliquez le rôle d'un bon journaliste.
3. Essayez de persuader quelqu'un:
   a. que la télévision est la meilleure des choses
   b. qu'on peut accuser la télé de tous nos maux
   c. qu'il vaut mieux lire un livre que d'aller voir le film qu'on en a fait
   d. de ne pas perdre son temps en allant au cinéma
4. Expliquez pourquoi vous préférez le théâtre au cinéma (ou vice versa).
5. Il doit y avoir de censure des films (de la presse, des livres). (pour ou contre)
6. La désaffection pour la télévision (pour le cinéma) est en relation directe avec la qualité des programmes (films). Est-ce vrai?

CHAPITRE

10

LA VIE ÉCONOMIQUE

L'ESSENTIEL

un employeur, une employeuse	juger	la formation
		les qualifications (f. pl.)
	embaucher, engager	un travailleur, une travailleuse
un chef de personnel le chef de service	renvoyer	quelqu'un
le chef d'entreprise un cadre	gérer	une entreprise une affaire
un demandeur, une demandeuse	chercher soumettre poser accepter	un emploi une demande (d'emploi) sa candidature le travail, le poste, le job
un employé, une employée	faire	des heures supplémentaires
un (une) fonctionnaire		un travail à plein temps à mi-temps
la direction	recycler	les chômeurs, les chômeuses
le directeur général	juger	le marché
un ouvrier	faire	la grève
un syndicaliste	se mettre	en grève

POLAROïD (France)

recrute dans le cadre de l'expansion de son département

PHOTO GRAND PUBLIC

UN JEUNE REPRESENTANT-CHEF DE SECTEUR

Ayant 1 ou 2 ans d'expérience dans l'alimentaire
ou produits grande diffusion

● Résidence Montpellier souhaitée.
● Véhicule personnel en bon état.
● Déplacements très fréquents.

Envoyer curriculum vitae et photo à
Société POLAROID - Service du Personnel
57, rue de Villiers — 92202 NEUILLY.SUR-SEINE

VOCABULAIRE SUPPLÉMENTAIRE

l'usine (f.)   le salaire
l'atelier (m.)   la rémunération
le syndicat

I. Complétez les phrases suivantes:

1. Pour avoir de bons travailleurs un employeur doit _____ .
2. Un chef de personnel renvoie quelqu'un qui _____ .
3. L'expression «faire des heures supplémentaires» veut dire _____ .
4. Un fonctionnaire est quelqu'un qui _____ .
5. Les ouvriers se mettent en grève quand _____ .
6. «Travailler à plein temps» veut dire qu'un employé _____ .

II.

1. Un demandeur, qu'est-ce qu'il doit faire?
2. Quel est le rôle d'un ouvrier? D'un cadre? D'un chef d'entreprise?
3. Pourquoi y a-t-il des chômeurs?
4. A quoi un salaire sert-il?
5. A quoi un syndicat sert-il?
6. Qu'est-ce que c'est qu'un travail à mi-temps?

SPÉCIMEN

SUPER ⟨M⟩

B.P.F. *30,00*

REMETTEZ CONTRE CE CHÈQUE *trente francs en*

SOMME EN TOUTES LETTRES

marchandise

A L'ORDRE DE *au porteur*

A *Montpellier* , LE *2 Novembre* 1977

PAYABLE A
SUPER ⟨M⟩
Avenue de Lodève
MONTPELLIER

Super M.

CREATION MAGNIEN   DEPOT NP: 56 061

JEUX PROMOCHOC · 77500 CHELLES

A LA BANQUE

le client, la cliente	ouvrir	un compte
	fermer	un compte
		d'épargne
	tirer à découvert	
	être	découvert
	économiser	
	faire	des économies
	verser, déposer	un chèque
		les fonds *(m. pl.)*
	changer	les devises étrangères
	retirer	l'argent *(m.)*
	dépenser	
	être	fauché(e) *(fam.)*
	demander	un prêt
	obtenir	
	rembourser	
	libeller	un chèque (banquaire)
	endosser	sans provisions, en bois
	signer	
	toucher	
	falsifier, contrefaire	
le banquier	demander	une caution
		une garantie
	accorder	un emprunt
	vérifier	un compte
		le solde
	percevoir	des intérêts *(m. pl.)*
	escroquer	
le caissier, la caissière	encaisser	un chèque
	payer	l'argent
	donner	un reçu

CREDIT LYONNAIS
fondé en 1863
S.A. au capital de 480.000.000 de francs
Banque inscrite r.c. Lyon B 954 509 471

Agence   MONTPELLIER 3000

RÈGLEMENTS DE CHÈQUES EN DEVISES
OU DE TRAVELLERS' CHEQUES

№

┌─ DESCRIPTION DU CHEQUE ─┐

Numéro   HB 39 032 055 à 056 (2 X 50 $)

Nature de la devise :   U.S. $

Montant en devises	Cours	Montant NET en Francs à payer
100	4.52	452.00

Banque Émettrice   AMERICAN EXPRESS COMPANY

VAL. SBF 20/06/78

┌─ BÉNÉFICIAIRE ─┐

M   CATHERINE MALEY

Adresse

34000 MONTPELLIER

Visa de Contrôle.

Pièce d'identité

DÉCOMPTE POUR LE CLIENT

N 30070 - 10/76   3

VOCABULAIRE SUPPLÉMENTAIRE

une carte de crédit   le guichet
un carnet de chèques   le cours d'échange
la caisse   tricher

I.

1. A quoi une carte de crédit sert-elle?
2. Qu'est-ce que c'est qu'un carnet de chèques?
3. Pourquoi un banquier voudrait-il demander une caution? vérifier le solde? percevoir des intérêts?
4. Que fait un caissier?
5. Pourquoi un client demande-t-il un reçu? (Endosse-t-il un chèque?)
6. Qu'est-ce que c'est qu'un chèque en bois?

II. Multi-conversation

A. 1. Je voudrais changer des dollars, s'il vous plaît.
   2. Pourriez-vous payer ces chèques de voyage, s'il vous plaît?
   3. Je voudrais toucher des chèques de voyage, s'il vous plaît.

B. 1. Comment les voulez-vous?
   2. Comment voudriez-vous que je vous les donne?
   3. En billets de combien, Monsieur?

C. 1. Cela m'est égal.
   2. En billets de 50 francs, s'il vous plaît.
   3. En billets de 100 francs, s'il vous plaît.

D. 1. C'est tout, Monsieur?
    2. Voulez-vous autre chose, Monsieur?
    3. Voudriez-vous quelque chose d'autre, Monsieur?

E. 1. Oui, j'attends un transfert de fonds des Etats-Unis. Est-ce qu'il est arrivé?
    2. Oui, je voudrais ouvrir un compte d'épargne.
    3. Oui, je voudrais savoir le cours du dollar.

EXERCICES

I. Expliquez la différence entre:

1. libeller un chèque et endosser un chèque
2. un chèque et un chèque sans provisions
3. un atelier et une usine
4. un compte d'épargne et un compte banquaire
5. escroquer et rembourser
6. un demandeur et un chef de personnel
7. un cadre et un employé
8. la grève et le chômage
9. engager et recycler
10. un directeur général et un chef d'entreprise

II. Suggérez des choses que vous diriez si vous vouliez:

1. accuser quelqu'un de (d') (a) falsifier un chèque; (b) avoir libellé un chèque sans provisions; (c) avoir piqué votre carnet de chèques.
2. féliciter quelqu'un (d') (a) se mettre en grève; (b) avoir accepté un poste; (c) avoir obtenu une entreprise.
3. faire des excuses pour quelqu'un qui (a) est fauché; (b) fait la grève; (c) est en train de renvoyer une employée.
4. complimenter quelqu'un parce qu'il (a) recycle les chômeurs; (b) fait des heures supplémentaires; (c) gère bien une affaire.
5. remercier quelqu'un de (a) vous avoir prêté de l'argent; (b) ne pas avoir retiré son argent de votre banque; (c) vous avoir engagé(e).

III. Expliquez, point par point, ce qu'il faut faire dans une banque pour obtenir de l'argent si vous êtes: (a) un client (une cliente) avec un compte; (2) un voleur (une voleuse); (3) un client (une cliente) qui n'a pas de compte et veut toucher un chèque bancaire ou un chèque de voyage.

IV.

1. Si vous étiez employeur qui voulait engager des travailleurs, quelle formation (quelles qualifications) chercheriez-vous?
2. Après avoir terminé vos études à l'université, quel emploi chercherez-vous?
3. Quelles sont les qualifications que vous allez présenter à un futur employeur?
    a. Comment décririez-vous votre formation à un futur employeur?
    b. Quelle rémunération voudriez-vous obtenir?
4. Avez-vous jamais cherché un job à mi-temps? Racontez ce qui est arrivé.
5. Est-ce qu'un employeur vous a jamais renvoyé? Voulez-vous bien raconter votre expérience à vos camarades de classe?
6. Présentez une de vos expériences en cherchant un job.
7. Si vous étiez banquier, que diriez-vous à un(e) étudiant(e) qui voulait (a) ouvrir un compte? (b) obtenir un prêt? (c) encaisser un chèque sans avoir un compte à votre banque? (d) retirer tout son argent de son compte?

V. Imaginez. En employant le vocabulaire de l'Essentiel, inventez et préparez par écrit un dialogue auquel l'un(e) de vos camarades devra participer de façon impromptue.

Emploi: l'impasse

Au-delà des difficultés économiques, les comportements des demandeurs et des employeurs expliquent pour une large part la *montée structurelle* du chômage.

    Un directeur d'*agence pour l'emploi* a dit que sur ses 4 500 demandeurs *indemnisés à 90 pour cent,* 4 000 ne font guère d'efforts pour se reclasser. Quand on leur propose un emploi, il y a toujours quelque chose qui ne va pas. C'est qu'en général, en effet, les choses ne vont pas très bien. Les *esprits chagrins* soupçonnent les chômeurs indemnisés de passer *tout bonnement* une année sabbatique. La jeune génération a des *exigences* nouvelles pour s'engager dans un travail définitif. Les formations sont de plus en plus *poussées* et les tâches proposées sont de plus en plus insignifiantes. *Aussi,* il y a de plus en plus de gens qui refusent le travail tel qu'on leur propose, qui travaillent trois mois dans l'électricité, la radio, le bâtiment, puis partent en voyage, et reviennent.

    «On n'a plus un métier, on cherche un job», remarque un haut fonctionnaire. Les emplois *se sont désincarnés.* Passer du marketing textile au marketing automobile ne représentait, ces dernières années, qu'un simple rétablissement. Mais, lorsqu'on ne peut plus passer à aucun type de marketing parce que le marketing ne va plus, que faire? Le jeune licencié, qui *perçoit* 90 pour cent de son salaire antérieur et passe un an à étudier *Baudelaire* ou à apprendre l'anglais, celui qui part *tenter* sa chance dans l'agriculture ou dans la poterie, sont-ils des phénomènes marginaux? Ou bien sont-ils les précurseurs d'un mouvement plus profond?

    Depuis quelque temps déjà, les spécialistes du recrutement ont noté que la rémunération n'était pas toujours le facteur déterminant dans le choix d'un emploi. Comptent aussi la distance du domicile, les conditions de travail et la sécurité.

    Et de plus la sécurité est de plus en plus difficile à trouver. Car les employeurs, eux aussi, ont changé. «Je serais enclin à embaucher, mais les commandes vont-elles se maintenir?» confie un chef d'entreprise. Dans la doute, il engage des travailleurs temporaires ou fait un contrat à durée limitée.

    Le vrai problème est évidemment celui de la formation. Encore ne suffit-il pas de former, mais de savoir qui former et dans combien de temps. Or les employeurs ne veulent pas prendre position sur leurs propres besoins. Soit qu'ils ne les connaissent pas très bien, soit qu'ils *répugnent* à les dire, par peur de s'engager.

    Il arrive donc que la formation se fasse *au petit bonheur la chance:* c'est l'Etat, par l'enseignement public, qui qualifie; c'est l'employeur qui juge de la qualification et qui prend ou ne prend pas.

Extrait d'un article de L'Express *par Claude Villeneuve*

---

Marginal glosses (right column):

augmentation systématique

bureau du gouvernement

payés sans travailler à 90 pour cent du dernier salaire

personnes qui voient toujours le mauvais côté/

vraiment

désirs

développées

donc

ont perdu tout sentiment d'humanité

reçoit

poète du 19ᵉ siècle

essayer

sont peu disposés

au hasard

QUESTIONS

1. Que veulent dire les mots «chômage» et «le chômeur indemnisé»?
2. Quelles sont les raisons données pour la montée du chômage?
3. Selon un directeur d'agence pour l'emploi, quels sont les problèmes présentés par les jeunes qui cherchent un emploi et ceux auxquels ils doivent faire face?
4. Quelle est la différence entre un métier et un job?
5. Qu'est-ce qui détermine le choix d'un emploi d'après le texte?
6. Quel cercle vicieux existe dans l'emploi en France?
7. Est-ce que la même situation existe aux Etats-Unis? Expliquez.

A VOUS LA PAROLE

1. Avez-vous jamais eu des difficultés à trouver un job? Racontez-les.
2. Quel est (Quels sont), pour vous, le(s) facteur(s) déterminant(s) dans le choix d'un emploi?
3. Que pensez-vous des gens qui préfèrent vivre des subsides du gouvernement?
4. Quelles sont vos propres solutions au chômage?
5. Croyez-vous que la jeunesse d'aujourd'hui ait perdu le goût du travail? Expliquez.

SAVOIR SE VENDRE

Ce matin, en lisant le journal, une petite annonce vous a frappée. Elle décrivait le job à votre mesure. Rapidement vous jetez sur le papier quelques vagues renseignements, votre nom, adresse, téléphone, âge, etc., et vous *filez* à la poste sans oublier de faire un détour par le Photomaton le plus proche. Ne soyez pas étonné dans quelques jours de recevoir la *sempiternelle formule:* « Votre candidature ne correspond pas au *profil* de l'emploi.» Votre curriculum vitae est une carte maîtresse quand vous recherchez un emploi—n'oubliez jamais qu'il doit donner envie de vous connaître, et surtout de vous engager, à la personne qui le lira. Voici un modèle qui pourra éventuellement vous aider:

allez vite

qui se répète continuellement/expression
traits désirés

NOM:
PRENOM:
DATE ET LIEU DE NAISSANCE:
ADRESSE:
SITUATION DE FAMILLE (marié(e) célibataire, nombre d'enfants):
NIVEAU DES ETUDES ET DIPLOMES OBTENUS:
LANGUES ECRITES ET PARLEES:
CONNAISSANCES TECHNIQUES (mettre en relief les aptitudes concernant l'emploi
    convoité):
REFERENCES PROFESSIONNELLES (citer les emplois ou les *stages* antérieurs,
    éventuellement joindre des *certificats* des employeurs précédents):

désiré
cycles de formation
attestations

    Apposez votre photo en haut à droite de la page. Plutôt que des Photomatons qui souvent vous défavorisent faites tirer une série de portraits que vous utiliserez *au fur et à mesure* de vos *démarches.*

attachez

au moment on en a besoin/interviews

    Au curriculum vitae, vous devez joindre une simple lettre d'accompagnement. C'est dans cette lettre que vous annoncerez la rémunération *mensuelle* que vous souhaitez, mais seulement dans le cas où l'annonce le précise.

payée chaque mois

*Extrait d'un article d'*Elle

QUESTIONS

1. Qu'est-ce qu'un curriculum vitae? A quoi sert un c.v.?
2. Quels détails doit-on (ou ne doit-on pas) inclure dans un curriculum vitae?
3. Pourquoi est-il conseillé de ne pas aller au Photomaton pour se faire prendre une photo?
4. Quelle est la manière la plus efficace pour ne pas obtenir un emploi?
5. Que veut dire la phrase «le job à votre mesure»?

A VOUS LA PAROLE

1. Expliquez comment vous vous vendriez à un futur employeur.
2. Quels détails allez-vous inclure dans votre curriculum vitae? (vous pouvez préparer votre c.v. suivant le modèle de l'article.)

3. Expliquez les raisons pour lesquelles vous n'attacheriez pas une photo à votre curriculum vitae.
4. Est-ce qu'une personne doit être vendue comme une marchandise? Expliquez votre réponse.

QuaNd uN MÉcaNicieN devieNt patRON

Avoir été toute sa vie ouvrier mécanicien et se retrouver brusquement directeur de son usine, c'est l'histoire extraordinaire qui est arrivée à Albert S. Il n'y a pas de miracle: après une longue grève de huit mois, il y eut dans l'usine, l'*autogestion*. Depuis, l'usine marche bien et Albert qui avait été le plus dur, le plus contestataire, Albert qui avait fini par occuper l'usine tout seul, . . . eh bien, Albert a été élu

action des ouvriers d'administrer eux-mêmes une affaire

patron! On lui a demandé qu'est-ce qui a changé depuis l'autogestion. Voilà sa réponse.

Pour moi? Je croyais que j'aurais des problèmes de travail, mais non. Il n'y a pas que le travail. On doit aussi prendre en compte les problèmes personnels des autres et, ça, c'est ce qui m'a le plus étonné. J'y ai réfléchi. Avant, il y avait le travail à l'usine, et puis la vie dans la famille. Maintenant, non. Tout le monde se parle, de tout, des histoires de famille. C'est comme s'il n'y avait plus de barrière entre la vie professionnelle et la vie privée. C'est devenu complètement autre chose. Je ne sais pas si c'est un avantage ou un inconvénient. On se connaît trop. Quant aux relations des *gars* entre eux, au début, c'était formidable, et puis on est vite retombé dans les habitudes d'avant. Et là, ça ne va plus. Parce qu'avant, quand un type trichait, arrivait en retard, etc., les autres *s'en foutaient*. C'était l'affaire du patron. Mais, aujourd'hui, ils lui disent: «Dis donc, tu *fous toute la production en l'air!*» Pour éviter les histoires, on a décidé que tout le monde *pointerait*. Mais il n'y a pas de contrôle des *fiches*.

Dans toutes les usines, il est dit que l'ouvrier ne doit jamais toucher à sa machine. Si ça *coince* ou ça ne va pas, il doit s'arrêter, appeler le chef d'atelier qui appelle la *fabrication*. Alors que l'ouvrier, le plus souvent, sait bien ce qu'il faudrait faire pour que la machine *reparte*. Chez nous, les ouvriers peuvent intervenir sur leurs machines. Ça change complètement le travail. On se sent son maître.

Je ne resterai pas longtemps le patron parce qu'on vote les postes tous les ans. Il faut absolument que le pouvoir tourne, qu'on laisse la place. J'y suis décidé. Ensuite, je redeviendrai mécanicien. Et j'aurai appris une chose: c'est difficile la démocratie. Il faut y penser tout le temps et la vouloir tout le temps. Mais, maintenant qu'on y a goûté, on ne pourra plus revenir en arrière. Le tout c'est de ne pas rester seuls, dans notre petit monde à nous.

Extrait d'un article de Le Nouvel Observateur *par Josette Alia*

jeunes hommes *(fam.)*

moquaient *(fam.)*
démolis *(fam.)*
marquerait les heures de l'arrivée et du départ
cartes

devient bloquée
département chargé de vérifier la production
recommence à fonctionner

QUESTIONS

1. Qu'est-ce que l'autogestion?
2. Quel rôle Albert a-t-il joué pendant la grève?
3. Comment était la vie à l'usine après qu'Albert en soit devenu le patron? Citez des détails précis.

4. Que pense Albert du manque de différentiation entre la vie privée et la vie professionnelle?
5. Qu'est-ce qui est arrivé aux relations entre les ouvriers au début de l'autogestion? Et après quelque temps?
6. Qu'est-ce qu'Albert a appris pendant la période de gestion de son usine?

A VOUS LA PAROLE

1. Croyez-vous que l'autogestion soit une bonne idée? Pourquoi?
2. Croyez-vous que les ouvriers continuent à voter pour l'autogestion? Expliquez votre réponse.
3. Expliquez pourquoi c'est difficile la démocratie.

VENDEZ FRANÇAIS

Chauvin, le Français? Bien sûr! Sauf lorsqu'il s'agit de dépenser son argent. Rien, alors, ne vaut les machines à laver allemandes—c'est plus solide; les costumes britanniques—c'est plus chic; les bagages italiens—ça fait bien. Pour le *standing* de Monsieur le Français moyen, le «made in France» n'a pas bonne *cote*. Pour être «in», une seule solution: acheter étranger.

Depuis 1973, le commerce extérieur français est tombé, pour les seuls biens de consommation et d'équipement de ménages, d'un *excédent* de 4,5 milliards à un déficit de 4,1 milliards de francs. Neuf milliards de *chute*, dans lesquels le pétrole et la *sécheresse* ne sont pour rien. De quoi s'alarmer. Et justifier l'appel des *pouvoirs publics* à la solidarité nationale. «A qualité égale et à prix équivalent, achetez français», conseille un ministre. Et le Président de la République de rappeler: «Le choix d'un produit importé est un choix contre l'emploi».

Aujourd'hui, sept chemises sur dix vendues en France sont fabriquées à l'étranger. Et l'on importe deux collants sur cinq, une paire de chaussettes sur trois, trois réfrigérateurs sur cinq. A qui la faute? A vous, à moi, à notre ignorance, à notre snobisme? Sans doute. «Pour vendre mes appareils, dit un fabricant français, j'ai dû leur inventer un nom américain. Sinon, ils ne partaient pas.» La plupart du temps, la préférence pour les produits étrangers ne peut en revanche se justifier par une qualité supérieure des produits. Mais essentiellement par l'attrait de leur *prix de revient*. Les industriels français le savent bien.

Que faire, alors? Nous ne voulons pas de protectionnisme. Nous voulons seulement des règles équitables de *concurrence*. La bonne vieille formule du nationalisme *cocardier*, une campagne de pression sur l'opinion publique, un moment *envisagée*, a finalement été *écartée* à cause de ses *relents* protectionnistes. D'ailleurs est-ce vraiment le client qu'il faut convaincre? Pourquoi pas, d'abord, le commerçant? «Achetez français»: personne ne croit plus à ce slogan *usé*. «Vendez français», *en revanche*. . .

Extrait d'un article de L'Express *par Sophie Décosse*

QUESTIONS

1. Pourquoi le Français n'achète-t-il pas des produits français?
2. Comment était la chute du commerce extérieur français dans les années soixante-dix?
3. Pourquoi est-il tombé? Et pourquoi le gouvernement ne voulait-il pas que ce déficit continue?
4. Quel rôle le gouvernement a-t-il joué pour améliorer cette balance de paiements?
5. Quelle est l'attitude des Français envers les produits étrangers? Et des commerçants?
6. Que pensent les industriels français de la qualité des produits étrangers?
7. Qu'est-ce que le « nationalisme cocardier » ? Existe-t-il chez nous?
8. Qu'est-ce qui est arrivé à la campagne « achetez français » et pourquoi?
9. L'auteur de cet article, quelle campagne suggère-t-elle? Croyez-vous qu'elle ait du succès? Expliquez.

A VOUS LA PAROLE

1. Expliquez pourquoi vous achèteriez (n'achèteriez pas) étranger.
2. Est-ce que nous les Américains avons une préférence pour les produits étrangers? Justifiez votre réponse.
3. Croyez-vous que nous soyons tous trop conscients du standing? Donnez des exemples.

SUJETS DE DISCUSSIONS

1. Présentez votre job idéal (le job à votre mesure).
2. Les jeunes d'aujourd'hui n'ont aucune envie de gagner leur propre vie. Est-ce vrai?

3. Est-ce que la formation à l'université est réellement utile quand il s'agit de gagner votre vie?
4. Interviewez un commerçant pour faire un rapport à la classe sur ses opinions des produits étrangers.
5. Nos parents paient des impôts au gouvernement, lequel nous verse des indemnités de chômage—il faut en profiter. (pour ou contre)
6. De nos jours frauder le gouvernement semble être de rigueur. (vrai ou faux)

chapitre

11

LA Vie
politique

L'ESSENTIEL

LE GOUVERNEMENT

un régime	prendre	le pouvoir
une république	saisir	
une monarchie	préserver	
constitutionnelle	tenir	
absolue	maintenir	
une dictature		
un roi, une reine		
un dictateur		
un président		
une personne	démissionner (de)	
	céder	

VOCABULAIRE SUPPLÉMENTAIRE

le communisme	l'émeute (f.)
la démocratie	le manifestant
le socialisme	un ministre
la révolution	un premier ministre
la rebellion	un député
la crise	

LA BRANCHE EXÉCUTIVE

un gouvernant	gouverner	le pays
	bien/mal	l'état
	habillement	la nation
	rassembler, réunir	le conseil (des ministres)
	présider	le cabinet
	former	
	nommer/faire démis-sionner	les ministres

VOCABULAIRE SUPPLÉMENTAIRE

le maire
la mairie
le préfet du département[1]

[1]homme nommé par le gouvernement qui est responsable du maintient de l'ordre dans un département

LA BRANCHE LÉGISLATIVE

le parlement	proclamer	les lois (f. pl.)
le congrès	discuter	les amendements (m. pl.)
l'Assemblée (nationale)	rejeter	
le Sénat		
la Chambre des députés		
le peuple	élire	le candidat, la candi-date
	être représenté (par)	
un électeur, une élec-trice	voter (pour/contre)	
le candidat, la candi-date	être	élu(e)
	faire	les promesses (f. pl.)
	tenir/manquer (à), ne pas tenir	
le parti (politique)	être d'accord (avec)	la politique
la droite (conser-vateur)	contester	
le centre	discuter	
la gauche (libéral)	défendre	
	attaquer	
un citoyen, une citoyenne	avoir	le droit de voter
		la liberté (de penser)

VOCABULAIRE SUPPLÉMENTAIRE

le conseil municipal
les conseillers municipaux
un sénateur
les élections (*f. pl.*)
la campagne (présidentielle)
  (électorale)
les suffrages (*m.*)

I. Complétez les phrases.

1. La ville _____ un candidat.
2. La droite ne _____ jamais avec la gauche.
3. Il faut _____ l'équilibre entre les pouvoirs.
4. L'Assemblée nationale _____ les lois.
5. Les citoyens ont le droit de _____ .
6. Il est possible que cette candidate _____ ses promesses.
7. Pour gouverner un pays, le président _____ son conseil des ministres et de
   son _____ .
8. Les partis politiques ne _____ jamais leurs stratégies politiques.

II. Donnez le contraire des mots ou des expressions donnés.

1. la droite
2. ouvrir une session du parlement
3. nommer un ministre
4. élire un candidat
5. être d'accord
6. la démocratie
7. attaquer une politique
8. gouverner avec habilité

EXERCICES

I. Expliquez la différence entre:

1. un dictateur et un président
2. défendre et attaquer la politique d'un gouvernement
3. le pouvoir exécutif et le pouvoir législatif
4. un ministre et un député

II. Réagissez aux phrases avec des expressions appropriées. Faites référence à
l'Appendice A à la page 165.

1. Le fils de l'ancien maire a été élu à une très large majorité.
2. La cousine du président a été nommée ambassadrice en France.
3. Le frère du président a gagné des milliards à cause des contrats obtenus auprès
   des bureaux gouvernementaux.
4. Cette dame veut être présidente et a annoncé sa candidature.
5. Cette ville a élu un maire communiste.
6. Le président a démissionné.
7. Le congrès a rejeté le droit de vote pour les jeunes de dix-huit ans.
8. Le sénateur a été assassiné par un terroriste.
9. Le maire de notre ville a été accusé de fraude électorale.
10. Le candidat démocrate a vaincu le républicain à la dernière élection.

III.

1. Combien de types de gouvernement connaissez-vous?
2. A votre avis, quel est le type de gouvernement le plus répandu?
3. Qui a le pouvoir exécutif en Amérique? En France?
4. Qui fait les lois fédérales aux Etats-Unis?
5. Quelle relation existe entre un candidat et les électeurs?
6. Que fait un candidat pour être élu?

7. Quels sont les droits d'un citoyen?
8. D'où vient le pouvoir d'un président?
9. Qu'est-ce qu'une émeute?
10. Pourquoi les citoyens se révolteraient-ils?
11. Quelles sont les divisions d'un gouvernement d'un pays démocratique?
12. Pourquoi les gens devraient-ils être des citoyens conscients et responsables?
13. Pour quelles raisons un gouvernement pourrait-il tomber?
14. Un ambassadeur, quel rôle joue-t-il dans un gouvernement?
15. Comment décririez-vous votre politique? Et celle de votre (vos) professeur(s)? De vos parents?

IV. Imaginez. En employant le vocabulaire de l'Essentiel, inventez et préparez par écrit un dialogue auquel l'un de vos camarades devra participer de façon impromptue.

En Amérique, la contestation est démodée

J'ai connu l'Amérique des années cinquante, image triomphale de l'avenir aux yeux des Européens *exténués*. L'inoubliable apparition de New York. Les campus universitaires, leurs *pelouses* vertes et leurs troncs argentés.

Vingt ans plus tard, c'était une autre Amérique, toujours *fastueuse,* mais qui doutait d'elle-même et de son destin. La révolution des campus avait détruit l'image rassurante d'une société *acharnée* à se *dépasser.* Sur les belles pelouses *traînaient tracts* et *mégots.* Une odeur de drogue flottait dans les bibliothèques. A la tombée de la nuit les rues se vidaient. Dans les quartiers résidentiels que j'avais connus sans *clôture,* lorsque chacun mettait sa fierté à laisser la clé sur la porte, on s'enfermait maintenant à double tour. Le déclin de l'Occident devenait visible même ici.

Est-ce parce que la tempête de neige venait de cesser? Toujours est-il que le spectacle, cette fois, m'a paru plus encourageant. Et d'abord, l'Amérique n'a rien perdu de cette force irrésistible qui la jette au-devant de l'avenir. La violence a cessé d'être au premier plan des préoccupations. On peut se promener à nouveau dans les rues quand le soir tombe, *trotter* dans Central Park *à l'instar de* ces milliers d'Américains qui, à toute heure du jour et même de la nuit, courent en *survêtement* et les coudes au corps. L'obsession de la réussite, la course à la plus belle voiture, à la plus belle maison, sont aussi démodées que la contestation. Plus profondément, le pari de la coexistence raciale est gagné. Plus de ségrégation nulle part. Les Noirs ont partout leur place et même un peu plus que leur place. On ose enseigner dans les écoles les langues *allogènes* à commencer par l'espagnol qui a pris la place du français. On voit *poindre* le *métissage.* L'Amérique du Nord deviendra-t-elle un autre Brésil? Ce n'est plus impossible. Le laxisme universitaire appartient au passé.

Glossaire:
épuisés
terrains couverts d'herbe
somptueuse

attachée/faire mieux encore/se trouvait
partout/affiches de propagande/bouts
de cigarettes
barrières, murs

marcher rapidement/comme
tenue de sport

des immigrés
sortir/croisement de sujets de races
différentes

Manifestants et *banderoles* ont disparu des campus. Le spectre du chômage aidant, une *concurrence acharnée* pour les diplômes et pour les jobs succède à la nonchalance d'hier.

banners
compétition/furieuse

Extrait d'un article de Le Figaro *par Pierre de Boisdeffre*

QUESTIONS

1. Quels changements l'auteur trouve-t-il entre l'Amérique des années cinquante et l'Amérique vingt ans plus tard?
2. Que dit-il de la violence dans les villes?
3. Comment décrit-il la coexistence raciale?
4. Qu'est-ce qu'une langue «allogène»?
5. Que veut dire la phrase «L'Amérique du Nord deviendra-t-elle un autre Brésil»?

A VOUS LA PAROLE

1. Croyez-vous que nous Américains ne cherchons plus la réussite dans la vie? Expliquez votre réponse.
2. Comment décririez-vous la vie estudiantine de votre université? Comparez-la avec la description faite par l'auteur de cet article.
3. Pensez-vous que cet auteur connaisse bien l'Amérique et les Américains? Pourquoi ou pourquoi pas?
4. A votre avis, est-ce que les campus devraient être des lieux de protestation? Expliquez votre réponse.
5. Expliquez pourquoi vous croyez (ou vous ne croyez pas) que l'Amérique est toujours au-devant de l'avenir.

COMMENTAIRE SUR LES débats politiques

Nous trouvons les débats politiques des Américains un peu *plats,* et eux trouvent les nôtres un peu *creux.* L'incompréhension *provient* de ce que nos débats à nous sont à dominante idéologique et que les leurs portent principalement sur ce qu'ils appellent, non des idées, des théories, mais des «issues»: des «sujets», des thèmes concrets, l'environnement, la puissance excessive des grosses entreprises, les fonds électoraux, le *ramassage scolaire,* les *centrales* atomiques (et leur exportation), la détente, les villes géantes, etc. **banals / pauvres, vides; qui manquent de substance/vient / transport d'enfants à l'école/usine où se produit l'énergie**

Nous aussi parlons, bien sûr, de ces problèmes, mais en les subordonnant à une option idéologique. Selon notre gauche, aucune *amélioration* profonde dans un domaine précis n'est réalisable tant qu'on n'aura pas «changé le système». Selon notre droite, aucune amélioration profonde dans un domaine précis n'est acceptable, parce qu'elle risquerait de conduire au changement du système. C'est le triomphalisme idéologique dans le défaitisme pratique. En poussant l'antithèse à la limite, on peut dire que les Américains changent tout, sauf le système; et que, nous autres Latins, ne changeons rien, à moins que, ou de peur que, le système ne soit détruit. *Aussi* les Américains nous considèrent-ils souvent comme *sclérosés, rétifs* au changement, tandis que nous les jugeons conservateurs. A nos yeux, ils ne *«remettent pas en cause* la société» (ce qui est beaucoup plus facile que de faire marcher le téléphone). **progrès / donc/figés, bloqués (fig.)/rebelles / mettent en question**

Extrait d'un article de L'Express *par Jean-François Revel*

QUESTIONS

1. Que pensent les Français de nos discours politiques?
2. Et nous, que pensons-nous des débats politiques français?
3. Comment les deux diffèrent-ils?
4. Qu'est-ce que le défaitisme?
5. Comment l'auteur décrit-il l'idéologie politique en France? Et aux Etats-Unis?

A VOUS LA PAROLE

1. Quel système de débats politiques préférez-vous? Expliquez votre réponse.
2. Quand les hommes politiques nous parlent, croyez-vous qu'ils nous disent toujours la vérité? Pourquoi ou pourquoi pas?

Si vous voulez participer au vote

Tout Français ou naturalisé Français qui a dix-huit ans, *jouissant de* droits civils et **possédant les** politiques, peut partager aux élections municipales. Il suffit d'être inscrit sur les listes électorales.

L'inscription n'est pas automatique—il faut en faire la demande à votre mairie. Vous pouvez vous inscrire par correspondance.

D'une part une *pièce* justifiant votre identité, c'est-à-dire la carte nationale d'identité, ou le livret de famille[1], ou le permis de conduire, ou le permis de chasse, le livret militaire, un passeport. D'autre part, une pièce qui atteste que vous avez une attache avec *la commune* ou la circonscription du bureau de vote, soit parce que vous y avez votre domicile ou une résidence où vous *séjournez* plus de six mois par an, soit que vous y êtes inscrit au rôle d'une des *contributions directes communales*. Cette pièce peut donc être une *quittance* de gaz, de *loyer,* ou une pièce fiscale.

document

district
habitez

impôts locaux
reçu de paiement/rent

Extrait d'un article de Paris-Match *par Liliane Gallifet*

QUESTIONS

1. Qu'est-ce qu'il faut faire pour voter en France?
2. De quels documents peut-on se servir en France pour établir son identité?

A VOUS LA PAROLE

1. Expliquez ce qu'il faut faire si l'on veut participer au vote aux Etats-Unis.
2. Faites un sondage de vos camarades de classe pour savoir qui est inscrit sur les listes électorales et combien parmi eux ont voté aux dernières élections.

[1]remis aux époux pour recevoir les bénéfices de l'Etat pour une famille, allocations familiales, etc.

LES JEUNES ET LA POLITIQUE

Comment faire participer les jeunes à la vie politique? L'expérience prouve que ce n'est pas toujours facile. Et tel qui invitait les jeunes à devenir le *«poil à gratter»* de leurs aînés a quelquefois éprouvé des difficultés à supporter leurs *démangeaisons*.

irritant *(fam.)*
grande envie de se gratter *(fig.)*

L'entrée des 18 à 21 ans sur la scène électorale crée une situation nouvelle. Car le danger existe aussi que les jeunes refusent d'utiliser le droit de vote qu'on leur a accordé. Aux Etats-Unis, ce droit a joué pour la première fois en 1972, lors de l'affrontement Nixon-McGovern. Un sondage Gallup a révélé alors que beaucoup d'entre eux ne s'étaient pas inscrits sur les listes électorales. Soixante-quatre pour cent des jeunes Français interrogés déclarent aujourd'hui avoir l'intention de voter. Mais près d'un quart d'entre eux reconnaissent qu'ils n'ont pas demandé leur carte d'électeur. C'est-à-dire une proportion nettement plus forte que dans l'ensemble de la population.

Comment ces jeunes vont-ils voter? Aucun doute, à gauche: 61,1 pour cent d'entre eux l'affirment. Mais, sur la nature de ce phénomène, la majorité et l'opposition proposent des explications contradictoires.

A moins que cette prise de position de la jeunesse ne reflète tout simplement, en les amplifiant, les tendances actuelles des adultes. Il est symptomatique que le parti qui *recueille* aujourd'hui la majorité des suffrages des jeunes soit, comme chez leurs aînés, le Parti socialiste. Son image n'est pas toujours très nette dans leur esprit. Mais la sympathie est là.

reçoit

Autres gagnants de ce hit-parade électoral—mais est-ce une surprise?—les écologistes. Plus d'un jeune sur dix cite la défense de l'environnement parmi les principales *exigences* qu'il *fixerait* s'il devait participer à la création d'un parti

conditions, demandes/établirait

politique. Près d'un tiers la mentionnent parmi les préoccupations des Français dont il faut s'occuper de toute urgence.

Les jeunes font, de même, plus confiance à l'opposition qu'à la majorité pour trouver une solution à la plupart des préoccupations des Français. L'Union de la gauche, pensent-ils, serait plus capable de résoudre le problème du chômage ou de l'inflation. Et même de mener à bien la réforme de l'entreprise ou la décentralisation régionale. *En revanche,* c'est la majorité qui apporterait, selon eux, la meilleure solution à la construction de l'Europe et à la défense des valeurs morales et religieuses.

par contre

Les priorités aux yeux des jeunes? D'abord, le chômage. A une *écrasante* majorité. Et puis, pour plus de la moitié d'entre eux, l'inflation et les risques que font courir les *centrales* nucléaires. Ensuite, seulement, viennent le pouvoir d'achat, la réforme de l'enseignement, la justice fiscale et les autres problèmes écologiques. Et très loin derrière, la décentralisation régionale et . . . la liberté sexuelle.

énorme

usine où se produit l'énergie

Les filles, elles, sont plus *sensibles* que les garçons au respect des valeurs morales, aux difficultés des travailleurs immigrés, au coût de la médecine et . . . à leur propre libération.

sensitive

Politiquement, les jeunes ne se sentent pas en conflit avec leur famille. Ils reconnaissent même sans complexes l'influence de leur entourage. Plus encore celle de leurs frères et sœurs que celle de leurs camarades de travail ou d'études. Plus celle de la mère que celle du père.

Si on leur demandait de faire le *portrait-robot* du personnage politique qu'ils souhaitent pour l'avenir, que diraient les jeunes? Eh bien, ils le voudraient d'abord «*compréhensif* et ouvert à tous». Ils lui demanderaient à la fois de «parler un langage accessible», et de «faire preuve de caractère». D'être «honnête», «sincère», «attentif aux problèmes des gens». Ils aimeraient enfin qu'il soit «jeune et sympathique». Et . . . «qu'il s'occupe des ouvriers».

composite portrait

qui comprend les gens

Extrait d'un article de L'Express *par Michel Labro*

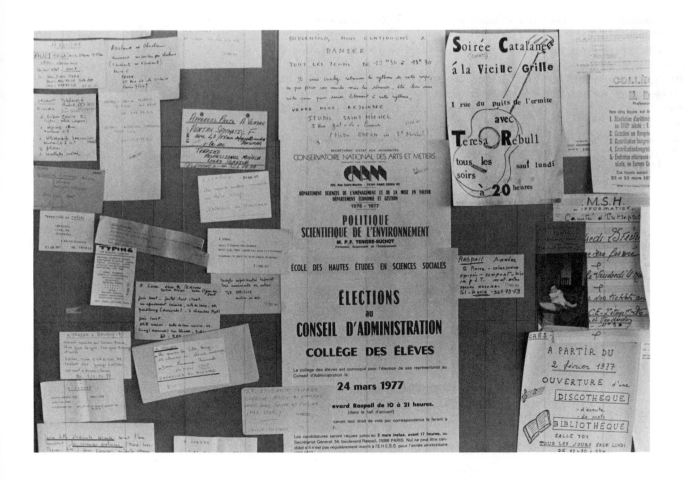

QUESTIONS

1. Quels sont les résultats des efforts pour faire participer les jeunes à la vie politique?
2. Quel a été le résultat de l'arrivée des jeunes sur la scène électorale aux Etats-Unis? Et en France?
3. Quels partis en France gagnent les votes des jeunes? Pourquoi?
4. Qu'est-ce qu'un écologiste?
5. La décentralisation régionale, de quoi s'agit-il?
6. Quelles sont les priorités des jeunes Français?
7. Politiquement, quels rapports y a-t-il entre les membres de la famille française?
8. Quel personnage politique les jeunes Français cherchent-ils pour l'avenir?

A VOUS LA PAROLE

1. Expliquez les raisons pour lesquelles vous avez choisi votre parti politique.
2. Par qui êtes-vous personnellement influencé(e) en politique? Expliquez pourquoi.
3. Pourquoi croyez-vous que les jeunes refusent d'utiliser le droit de vote?
4. Quel personnage politique cherchez-vous pour l'avenir?
5. Parmi les groupes politiques à votre université, lequel est le plus capable de résoudre les problèmes des étudiants? Expliquez votre réponse.
6. Quelles sont les priorités des jeunes Américains?

SUJETS DE DISCUSSIONS

1. Expliquez ce que veulent dire les mots «droite» et «gauche» dans la politique américaine.
2. Présentez votre programme pour intéresser les jeunes à exercer leur droit de vote.
3. Expliquez le système américain des élections présidentielles à un étranger qui est bien sceptique quant à son bon fonctionnement.
4. Faites des recherches au sujet des élections en France et expliquez leur système à la classe.
5. Si vous étiez chef d'une agence de publicité, comment organiseriez-vous la campagne électorale d'un candidat?
6. Les idées et les théories de la politique sont plus importantes à discuter que les sujets ou les thèmes concrets. (pour ou contre)
7. Quand il s'agit de la politique, plus ça change, plus c'est la même chose. (vrai ou faux)
8. Notre gouvernement adopte des positions figées vis-à-vis de la politique extérieure; par exemple, les aides monétaires, économiques et militaires données à un certains pays. Est-ce que le gouvernement a raison ou est-ce qu'il a tort? Pourquoi?

Appendice A
Comment répondre

Pour exprimer votre . . .

JOIE

1. Je suis heureux(-se) de l'apprendre.
2. J'en suis ravi(e).
3. Quelle chance!
4. Vous êtes très aimable/gentil(le).
5. Comme c'est gentil!
6. Comme c'est joli!
7. Comme c'est beau (mignon, spirituel, drôle, amusant, marrant)!
8. Comme c'est bizarre (marrant, drôle, rigolo). (dans le sens de «curieux»)
9. C'est formidable que vous soyez venu.

INTÉRÊT

1. Va, je t'écoute!
2. Je m'intéresse à ton . . .
3. Ton . . . m'intéresse.

ENTHOUSIASME

1. Bravo! Merveilleux! Formidable! Fantastique!
2. Extra! Sensass! Formid! *(argot)*
3. Génial! *(Super!)* C'est précisément ce que je pensais! *(Exactement ce que je pensais.)*
4. C'est chouette! C'est terrible!
5. Avec plaisir!
6. Merveilleux!
7. Parfait!
8. C'est ça même! Tout à fait.
9. Voyons. Voyons voir.
10. Fantastique!
11. Quelle bonne chance, alors!
12. Quelle merveilleuse surprise!
13. C'est dingue! C'est «superdément»!
14. Veine, alors!

MANQUE D'ENTHOUSIASME

1. Ce n'est pas la peine. Ça n'en vaut pas la peine.
2. Ça n'a pas d'importance. C'est pareil.
   Cela revient au même.
3. Cela ne te regarde pas.
   Ça ne te concerne pas.
   Ce ne sont pas tes affaires.
   Ce n'est pas ton affaire.
   Occupe-toi de tes oignons!
4. Non, ça n'est pas ce que je veux.
5. Ne m'ennuie pas, s'il te plaît.
   Ne me dérange pas.
   Fiche-moi la paix! *(plus fort)*
6. Je ne suis pas d'accord.
   Je ne suis pas de ton avis.
7. C'est vrai? Ah, bon?
8. C'est très embêtant.
   C'est très emmerdant *(vulgaire).*
   Quelle barbe!
   Ça me barbe!
9. Tout ça pour rien. C'est inutile.
   Ça ne sert à rien.
10. Comme ci, comme ça.
11. J'ai mes doutes à ce sujet. Je ne pense pas que ce soit une bonne idée.
12. Cela m'est égal.
    Je m'en fiche *(moins poli).*
    Je m'en balance *(argot).*
    Je m'en fous *(vulgaire).*
13. C'est kif-kif.
    C'est du pareil au même. Cela revient au même.
    C'est la même chose pour moi.
    Ça ne fait rien.
14. J'en ai ras-le-bol.
15. C'est à côté de la question.
16. Je suis censé(e).

COMPASSION

1. C'est triste!
2. C'est dommage! Quel dommage!
3. J'en suis désolé(e).
   Je suis vraiment navré(e).
4. Il faut tenir bon. Il faut tenir le coup.
   Il faut être courageux(-se).
   Il faut faire contre mauvaise fortune bon coeur.
5. Nous espérons que ce n'est pas grave *(sérieux).*
6. O, mon pauvre . . .; ma pauvre . . . . J'ai pitié de lui (d'elle).
7. Ça te fait mal?
   Ça t'a fait mal? Je n'en doute pas.

8. Ça m'embête pour toi.
9. Ne t'en fais pas! Je m'en occuperai. Ne t'inquiète pas!
10. Quel manque de chance! Ce n'est pas de chance, ça alors!
11. C'est bien triste.
12. C'est très gênant *(embêtant).*
13. Que c'est dommage. C'est bien dommage que . . .
14. Il faut que tu t'habitues.
15. Je te plains (de tout mon coeur).

SARCASME

1. Voyons . . .
2. Celui-là, ce type-là.
3. Bon, d'accord, passons.
4. Qu'il est bête, celui-là.
   Il en tient une (sacrée) couche, celui-là.
   Ce n'est pas une lumière.
   Il n'a pas inventé la poudre *(l'eau tiède, le fil à couper le beurre).*
5. Il ne manquait plus que ça.
6. Tiens, tiens . . . comme par hasard.
7. Je ne l'aurais jamais cru. Qui l'aurait cru?
   Je ne m'en serais jamais douté.
8. Ça, alors. *(Eh bien, dis donc.)*
9. C'est vraiment drôle! Comme c'est curieux.
10. Écoute, ça suffit. Ça va, ça va!
11. Si tu n'étais pas dingue, tu comprendrais.
12. Il s'est rendu ridicule.
13. Tu piges, alors? Tu ne piges pas? Tu y es?
14. Pour qui tu me prends?
15. Non mais sans blagues!

SURPRISE

1. J'en tombe des nues.
   Quelle surprise!
   Ça, pour une surprise, c'est une surprise.
2. Tu m'as fait vraiment peur. Tu m'as flanqué une sacrée frousse.
3. Que c'est charmant!
4. Que c'est drôle (marrant, *fam.*).
5. Que de monde!
   Que de peuple!
6. Que c'est effarant. Tu me fais peur.
7. Pourquoi pas?
8. Comme c'est dégoûtant (lassant, terrible).
9. Tiens, ça c'est nouveau!
10. Ça alors! Je ne m'y attendais pas.
11. Comme c'est écoeurant.
12. J'en suis étonné(e). *(J'en suis surpris(e).)*
13. Je suis étonné (surpris) par cela.
14. Je n'en reviens pas!
15. Ça me coupe le souffle. Ça m'assied.
16. J'en reste bouche bée.
    J'en reste pantois(e).

DOUTE

1. Peut-être, éventuellement.
   Sait-on jamais?
2. Plus ou moins.
3. Ça m'étonnerait fort!
4. Tu plaisantes. *(Tu veux rire.)*
5. J'ai mes doutes. J'en doute. Cela me paraît plus qu'incertain.
6. Ça se pourrait.
7. Eh bien, si tu insistes . . .
8. Tu veux que j'avale ça? Tu veux que je croie ça?
9. Je n'en ai pas la moindre idée.
10. Au cas où . . . Si jamais . . .
11. Ça ne me convainc pas. C'est peu convaincant.
12. Je n'en suis pas persuadé(e).
13. Je ne sais pas. Ce n'est pas possible.
14. Attends voir . . . Tu verras.
15. Sans blague? Tu plaisantes, non? Tu veux rire, non?
16. C'est sans doute . . . . sans doute.
17. Comment veux-tu que je le sache?

INCOMPRÉHENSION

1. Je n'y comprends rien.
2. Cela me dépasse.
3. Je confonds.
4. Je perds pied.
5. Ça me passe au-dessus de la tête.
6. Je ne suis pas dans le coup *(fam.).*
7. Je perds les pédales *(argot).*

ACCORD

1. Oui, c'est ça. Vous avez raison.
2. Bien sûr, vous avez raison.
3. Je n'en doute pas.
4. Chic. Chouette alors! Fantastique!
5. C'est vrai. C'est sûr.
6. J'en suis convaincu(e). Je le pense. Je le crois (bien).
7. C'est évident. Ça ne discute pas. Certainement. Ça va sans dire.
8. Entendu. C'est ça. D'accord. D'ac *(fam.).*
9. Comme tu veux. Comme tu voudras.
10. Je suis d'accord avec lui (elle).
11. Je savais que ça devait arriver.
12. De toute évidence. Sans aucun doute.
13. Bien joué.

ACCORD TOTAL

1. Mais oui, bien entendu!
2. Je suis totalement d'accord.
3. Je jure que oui. C'est juré.
4. Sans nul doute. Sans l'ombre d'un doute.

5. Je n'ai pas le moindre doute.
6. Maintenant tu y es!
7. Que le bon Dieu me damne si je ne dis pas la vérité.
8. Croix de bois, croix de fer, si je mens, je vais en enfer.

DÉSACCORD

1. Es-tu fou (folle)? Tu n'es pas un peu fou (folle)?
2. Ça ne va pas bien, non? Ça ne tourne pas rond?
3. Tu déménages *(fam.)*? Tu dérailles *(fam.)*? Il travaille du chapeau *(fam.)*.
4. Je ne pense pas *(je doute)* que tu aies raison. Tu te trompes. J'ai mes doutes. J'ai mes réserves.
5. Je ne veux rien savoir. Je ne veux pas en entendre parler.
6. C'est stupide! C'est complètement idiot. C'est insensé! Ça n'a pas de sens.
7. Tu te trompes. Tu as tort. Tu te mets le doigt dans l'oeil *(fam.)*.
8. Nous n'étions pas d'accord pour cela. Cela n'est pas ce qui était convenu *(entendu)*.
9. C'est impossible. Ça ne se peut pas. C'est impensable.
10. Bien sûr que non!
11. Jamais de la vie! Jamais!
12. Pas du tout! Absolument pas!
13. Pas question! C'est hors de question. C'est exclu.
14. Tu peux toujours courir.
15. Tu plaisantes. Tu veux rire.
16. Pas le moins du monde.
17. Ce n'est pas vrai. C'est archifaux.
18. Pas que je sache. Pas à ma connaissance.
19. Pas en ce qui me concerne.
20. Je m'y refuse. Je ne veux pas. Je m'y oppose tout à fait.
21. Jamais plus. Je ne marche pas. Ne compte pas sur moi. Je ne suis pas dans le coup.

AVIS

1. Attention! Fais attention! Sois prudent! Méfie-toi! Sois sur tes gardes!
2. Ne te tracasse pas. Ne t'en fais pas. Ne te ronge pas les sangs. Ne te fais pas de mauvais sang.
3. Du calme, Madame, Monsieur, Mademoiselle. Calmez-vous. Ne vous emportez pas.
4. Dépêche-toi (grouille-toi, *argot*). Fais vite! Presse-toi! Magne-toi *(argot)*.
5. Sors de là! Fiche le camp! Dégage *(argot)*! Du vent! Du balai! Tire-toi de là. (argot)
6. Je te conseille de te dépêcher *(presser)*.
7. Faites attention à ce que je dis.
8. Ça ne se fait pas.
9. Patience. Patientez. Prends ton mal en patience.
10. Ne te tracasse pas. Ne t'en fais pas.
11. Sois sage. Tiens-toi tranquille. Conduis-toi bien.
12. Tais-toi! Ferme-la *(fam.)*! Boucle-la *(fam.)*!
13. Si tu continues à manger (courir, etc.) comme ça, tu vas grossir (te fatiguer, etc.) Si tu t'entêtes à . . .
14. Arrête de faire tant d'histoires.
15. Ne te moque pas de moi!
16. Il perd la boule.

17. Vous auriez dû me le dire.
18. Ne prends pas ça à la légère.
19. Si j'ai un conseil à te donner, c'est de te méfier.
20. Il faudra faire un effort.
21. Tu cours un risque avec ça.
22. Il faut que tu te décides.

AVIS NÉGATIF

1. Laissons! Laisse! Laisse tomber!
2. Passons à autre chose. N'en parle pas. Parlons d'autre chose.
3. Quelle horreur.
4. Quels gens désagréables!
5. Ne sois pas trop curieux (indiscret).
6. Ça m'a l'air très . . .
7. C'est révoltant (écoeurant)!
8. Arrête de nous casser les pieds. Fiche-nous la paix.

DÉSIR DE DONNER VOTRE OPINION

1. Une seconde. Minute . . . Tout doux, mon vieux *(fam.)*.
2. De toutes façons . . .
   Dis donc . . .
   Quand même . . . Tout de même . . .
   Hé! . . .
   Holà! Je ne suis pas d'accord.
   En tout cas . . .
3. À propos. Au fait.
4. Je veux dire . . . Je voudrais dire . . .
5. Mais comme je disais tout à l'heure . . .
6. Écoute! C'est mon tour de parler.
7. Attend!
8. Par contre . . .
9. Ne t'excite pas *(fam.)*! Ne t'emballe pas! Je ne marche pas *(fam.)*.
10. Ferme-la! Ça fait une heure que tu parles *(impoli)*.

DÉFENSE

1. Je t'assure que . . .
2. Je n'en avais pas l'intention . . .
3. Je ne me laisse pas marcher sur les pieds.
   Je ne me laisse pas faire.
   Je ne m'en laisse pas conter.
   Je ne suis pas dans le coup.
   On ne me la fait pas.
4. Sois raisonnable.
5. Ce n'est pas à moi qu'on va faire ça.
6. Je ne ferais jamais une chose pareille.
7. Arrête de me taquiner (de m'embêter).
8. Cesse tes plaisanteries.
9. Ce n'était pas de ma faute.
   Je n'ai rien à voir avec ces histoires.
10. Je n'y suis pour rien.
    Je ne suis pas concerné(e).
11. Tu ne m'y a pas fait penser.

OPINION

1. Je pense pouvoir le faire.
2. Il me semble que . . .
3. Ça me paraît possible.
4. Je crois que . . . Je pense que . . .
5. À mon avis . . . (Selon moi . . . ; d'après moi . . .)
6. En ce qui me concerne . . .
7. À ce qu'il me semble . . .
8. Il se pourrait que . . .
9. C'est plutot ça.

DÉSIR DE VOUS EXCUSER

1. Excusez-moi. Veuillez m'excuser.
2. Pardon! Je vous demande pardon. Pardonnez-moi!
3. Je suis désolé(e) de vous avoir dérangé(e).
4. Veuillez excuser cette erreur.
5. Je ne veux pas vous déranger.
6. Mille regrets. J'ai fait une erreur. Je n'y comprends rien.
7. Je ne suis pas dans mon assiette.
   Je ne suis pas en forme.
   Je suis mal en point.

COLÈRE

1. Je suis furieux(-se). Je suis fou furieux.
   Cela me fait rager. Cela me fait bouillir.
2. Tu es de mauvais poil. Tu t'es levé du mauvais pied.
3. Je te conseille de ne pas recommencer.
4. C'est idiot!
5. Quel sale caractère! Quelle tête de cochon! Quel mauvais coucheur!
6. Comment, non?
7. C'est de ta faute.
8. Ne me fatigue pas! Ne m'ennuie pas!
9. Quelle barbe! Quelle casse-pieds! Quel ennui! Quel enquiquineur!

10. Quel mensonge! Quel tissu de mensonges!
11. Ne me contredis (contredisez) pas!
12. Ça ne me convient pas du tout.
    Ça ne va pas du tout.
    Ça ne peut pas aller, ça.
    Ça ne marche pas, ça.
    Cela me fait sortir de mes gonds.
13. Il n'en est pas question.
14. Ne me fais pas de plat *(fam.)*!
15. Je suis fâché(e) contre toi.
16. J'en ai marre de toi.
17. Il me tape sur le système.
18. Regarde donc la pagaille que tu as mise là.
19. Fiche-moi la paix!

ENNUI

1. Cela m'ennuie.
2. Ton travail m'ennuie.
3. Il (elle) me casse les pieds.

RAS-LE-BOL

1. J'en ai assez. J'en ai plus qu'assez.
2. J'en ai marre *(fam.)*.
3. J'en ai par-dessus la tête.
4. J'en ai soupé.
5. J'en ai plein le dos.
6. La plaisanterie a assez duré.
7. J'en ai ras-le-bol.
8. Ça a assez duré.
   Ça ne peut plus durer.
   Ça ne peut plus continuer comme ça.
9. Il est temps que ça cesse.
   Il est temps d'y mettre le holà *(un terme)*.
10. Ça, je l'ai assez vu.
11. Trop, c'est trop.

How to respond

To express your . . .

HAPPINESS

1. I'm happy to know it.
2. I'm delighted.
3. What luck.
4. You're very nice.
5. How nice!
6. How pretty!
7. How beautiful (cute, witty, funny, amusing, terribly funny).
8. What a strange thing (funny, funny, surprising)! (to express surprise, with the meaning of "curious")
9. It's wonderful *(super, great, swell)* you came.

INTEREST

1. Go on, I'm listening.
2. I'm interested in your . . .
3. Your . . . interests me.

ENTHUSIASM

1. Wonderful! Terrific! Great! Fantastic!
2. Magnificent! Tremendous! Super!
3. Great idea! Just what I had in mind!
4. That's great! That's super!
5. I'd love to!
6. How marvelous!
7. Perfect! *(Excellent!)*
8. That's it!
9. Let me see.
10. Stupendous!
11. What great luck!
12. What a great *(marvelous)* surprise!
13. That's wild! That's super wild!
14. What a stroke of luck!

LACK OF ENTHUSIASM

1. It isn't worth it.
2. It doesn't matter. It's all the same. It's all the same thing.
3. That's none of your business.
   That isn't any of your business.
   Mind your own business.
   That isn't any of your business.
   Keep your nose out of my business!
4. No, that's not what I want.
5. Don't bother me, please.
   Don't bother me.
   Get off my back!
6. It's not OK by me.
   It doesn't seem OK to me.
7. Oh really?
8. That is very boring.
   That's a pain in the neck.
   What a bore!
   That bores me to no end!
9. All this work for nothing. But it's no use. It's worth nothing.
10. So, so.
11. I have my doubts about that.
    I don't think it's a good idea.
12. I don't care.
    It's all the same to me.
    I don't give a 'hoot'.
    I don't give a damn.
13. It's all the same.
    It all comes down to the same thing.
    It's all the same to me.
    It doesn't make any difference.
14. I'm fed up to here. *(I've had it.)*
15. That's beside the point.
16. I'm supposed to.

COMPASSION

1. How Sad!
2. What a pity!
3. I'm very sorry *(distressed)* about it.
   I'm dreadfully sorry.
4. One has to be brave. Keep a stiff upper lip.
   You have to make the best of a bad job.
   One has to put on a brave face.
5. We hope it's nothing serious.
6. Oh, my goodness, poor . . .
   I feel so sorry for him (her).
7. Does it hurt? Did you hurt yourself? I really know that it hurts.

8. I feel sorry for you.
9. Don't worry! I'll take care of it. Don't worry!
10. What bad luck! That's not so lucky!
11. How sad!
12. How embarrassing!
13. What a shame! It really is a shame that . . .
14. You must get used to it.
15. I (really) feel sorry for you.

SARCASM

1. Oh, let's see . . .
2. Oh, that guy (character).
3. Fine, OK, let's go on to something else.
4. How ignorant (stupid) that so and so is! What a dumb jerk. What a dummie. He wouldn't set the world on fire.
5. That's all I need now.
6. Aha! . . . just by chance, eh . . .
7. I never would have believed it. Who would have believed it? Who would have believed it!
8. What do you know!
9. How funny! That's really strange.
10. That will be enough of that! That'll do!
11. If you weren't nuts (crazy), you'd understand.
12. He's made an ass out of himself.
13. Are you with it? Aren't you with it? You get it?
14. What do you take me for?
15. You don't say. (No kidding!)

SURPRISE

1. I'm thunderstruck. What a surprise! That's really quite a surprise.
2. You sure scared me. You really gave me quite a scare.
3. How charming.
4. How funny (amusing).
5. What a crowd! (mob) What a mob!
6. How scary. You scare me.
7. Why not?
8. How disgusting (maddening, awful).
9. Well, that's something new.
10. Well! I certainly wasn't expecting that.
11. How disgusting (nauseating).
12. I'm surprised (about that).
13. I'm astonished (surprised) by that.
14. I can't get over it!
15. That takes my breath away. That lays me out.
16. That leaves me with my mouth hanging open. (That's mind-blowing). I'm astonished. I'm amazed (flabbergasted).

DOUBT

1. Maybe (perhaps), yes, maybe so. Does one ever know for sure?
2. More or less.
3. That really would surprise me!
4. You're kidding.
5. I doubt that. I doubt that. That seems rather doubtful.
6. Perhaps.
7. Well, if you insist . . .
8. You want me to swallow that? You want me to believe that?
9. I don't have the faintest idea.
10. Just in case . . . If ever . . .
11. That doesn't convince me. That's hardly convincing.
12. I'm not convinced.
13. I don't know. It can't be.
14. Just you wait and see . . . You'll see.
15. You're not joking? You're not kidding? You're kidding, aren't you?
16. Probably . . . . . . possibly.
17. How should I know?

CONFUSION

1. I don't understand anything.
2. That goes over my head (That's beyond my comprehension).
3. I'm confused.
4. I'm in over my head (I'm out of my depth).
5. That's over my head.
6. I'm not with it (I'm really out of it).
7. I've lost my cool (I'm not with it).

AGREEMENT

1. That's it. You're right.
2. Of course, yes, you're right.
3. I don't doubt it.
4. Swell. That's fine (great)! That's terrific!
5. That's true. That's for sure.
6. I think so. I believe so. I (really) think so.
7. Certainly. That goes without saying. You're right. That goes without saying.
8. OK. That's it. OK. OK.
9. OK. Whatever you say.
10. I agree with him (her).
11. I knew that was going (had) to happen.
12. Undoubtedly. Without any doubt.
13. Very well done. (Well done.)

TOTAL AGREEMENT

1. But of course, certainly!
2. I am in complete agreement.
3. I swear it's so. That's agreed on.
4. Without a doubt. Without a shadow of a doubt.

5. I don't have the least doubt.
6. Now you're with it!
7. May God damn me if I'm not telling the truth.
8. Cross my heart and hope to die . . . I promise. (Wood cross, steel cross, if I lie, I'll go to hell.)

DISAGREEMENT

1. Are you crazy? Aren't you a little crazy?
2. That's not right. Something's not right?
3. Are you out of your mind? Have you gone 'loco'? He's mad as a hatter.
4. I don't think you're right. You're wrong. I have my doubts. I have my doubts about that.
5. I don't want to hear about it. I won't hear of it.
6. Nonsense! That's madness. That's foolishness! That's crazy.
7. You're wrong. You're wrong. You're barking up the wrong tree.
8. We didn't agree to that. That was not the agreement.
9. It's impossible. It's not possible. It can't be.
10. Of course not *(certainly not)*!
11. Never in my life! Never!
12. That's out of the question! Absolutely not!
13. You've got another think coming! That's out of the question! No way!
14. You've got another think coming.
15. You're not serious. You're kidding.
16. Never in the world.
17. Not that I know of. That's really not so.
18. Not as far as I know. Not as far as I'm concerned.
19. Not as far as I'm concerned.
20. I don't want to. I don't want to. I refuse completely and finally.
21. Never again. Nothing doing. Don't count on me. Don't count me in.

ADVICE (WARNING)

1. Watch out! Look out! Be careful! Watch out! Be on your toes!
2. Don't be upset. Don't worry. Don't get all steamed up about it. Don't get all steamed up about it.
3. Calm down, Ma'am, Sir, Miss. Calm down. Don't get carried away.
4. Hurry up (shake a leg). Hurry up! Hurry up! Shake a leg *(get a move on)*.
5. Get out of there! Let's get the hell out of here! Scram! Beat it! Scram! Get the hell out of there.
6. I advise you to hurry up. *(You better hurry.)*
7. Pay attention to what I'm saying *(to me)*.
8. That's not done.
9. Patience. Be patient. Have a little patience.
10. Don't get all upset. Don't worry about it.
11. Be good. Keep cool. Behave yourself.
12. Be quiet! Shut up! Shut your trap!
13. If you keep on eating (running) . . . you're going to get fat (tired, etc.) If you insist on . . .
14. Stop making such a fuss
15. Don't make fun of me.

16. He's lost his marbles.
17. You ought to have *(should have)* told me that.
18. Don't take that lightly.
19. The one piece of advice I'll give you is to watch out.
20. You'll have to make an effort.
21. You're running a risk with that.
22. You'll have to make up your mind.

NEGATIVE ADVICE (OPINION)

1. Leave it! Let it alone! Drop it!
2. Let's go on to something else. Don't mention it *(don't talk about it)*. Let's change the subject.
3. What a horror!
4. What awful people!
5. Don't be so curious (indiscreet).
6. It seems very . . . to me.
7. How revolting (nauseating)!
8. Don't make such a pest of yourself *(don't be such a pain in the neck)*. Leave us alone.

DESIRE TO GIVE YOUR OPINION, TO BREAK INTO A CONVERSATION TO GIVE YOUR OPINION

1. Just a second. Just a minute. Hold on, buddy, not so fast.
2. At any rate *(anyway)* . . .
   Say . . .
   All the same . . . All the same . . .
   Hey! . . .
   Hey! I don't agree.
   At any rate (in any case) . . .
3. By the way. Actually.
4. I mean . . . I'd like to say . . .
5. But as I was saying just a minute ago . . .
6. Listen! It's my turn to say something *(talk)*.
7. Wait a minute!
8. On the other hand . . .
9. Don't get so excited *(hot and bothered)*! Don't get so steamed up! I don't go along with this.
10. Shut up! You've been talking for an hour.

DEFENSE

1. I assure you that . . .
2. I didn't mean to . . .
3. Nobody's going to make a fool out of me.
   Nobody's going to make a fool out of me.
   Nobody's going to make a fool out of me.
   I'm not in on this one.
   It doesn't concern me.
4. Be reasonable.
5. Nobody's going to do that to me.
6. I would never do such a thing.
7. Stop teasing me (pulling my leg).
8. Quit your kidding.
9. It wasn't my fault. I've nothing to do with it.
10. I'm not in on this one. It doesn't concern me.
11. You didn't remind me *(of it)*.

OPINION

1. I think I can do it.
2. It seems to me that . . .
3. That seems possible.
4. I think (believe) that . . . I think that . . .
5. In my opinion . . . (according to me . . .; according to me . . .)
6. As far as I'm concerned . . .
7. It seems to me that . . .
8. It could be that . . . *(it might be that . . .)*
9. That's more like it.

DESIRE TO EXCUSE YOURSELF (TO BEG SOMEONE'S PARDON)

1. Excuse me. Please excuse me.
2. I apologize. I apologize. I beg your pardon.
3. I'm very sorry to have bothered you.
4. Please excuse this mistake *(error)*.
5. I don't want to disturb you.
6. A thousand pardons. I made a mistake. I'm quite confused.
7. I'm not quite up to snuff. I'm not in shape. I'm in bad shape.

ANGER

1. I'm mad *(angry)*. I'm really mad. That makes me furious. That makes my blood boil.
2. You're in a bad mood. You got up on the wrong side of the bed.
3. I advise you not to start that up again.
4. How stupid!
5. What a bad temper you have! What a pigheaded person! He takes everything the wrong way!
6. What do you mean, no?
7. It's your fault *(you're to blame)*.
8. Don't bother me! Don't bother me!
9. What a pain! What a pain in the neck! What a bore! What a nuisance!

10. What a lie! What a pack of lies!
11. Don't contradict me!
12. That doesn't suit me at all.
    That won't work at all.
    That can't go on.
    That won't do.
    That makes me fly off the handle.
13. It's out of the question.
14. Don't try to hustle me!
15. I'm mad at you.
16. I'm fed up with you *(you're a pain in the neck)*.
17. He gets on my nerves.
18. Look at the mess you've made there.
19. Get off my back!

BOREDOM

1. That bores me.
2. Your work bores *(tires)* me.
3. He (she) bores me to tears.

STATE OF BEING 'FED UP'

1. I've had enough. I've had more than enough.
2. I'm fed up with it *(it bores me stiff)*.
3. I've had it up to here.
4. I've really had it with that.
5. I'm good and tired of that *(I'm fed up with it)*.
6. The joke's gone on long enough.
7. I'm fed up with it.
8. That lasted long enough. That can't go on any longer. That can't go on like that any more.
9. It's time that stopped *(it's got to be stopped)*. It's time to put a stop to that.
10. I've had enough of that. *(I've seen enough of that)*.
11. Too much is too much.

Appendice B
The Essential

THE ESSENTIAL

A TELEPHONE CALL

a person	to enter, to go (into)	public phone booth
	to be (in)	phone booth
	to leave, go out (of)	post office
	to phone	someone
	to make	phone call
a person calling	to put in	coin, slug
or a person being called	to hear	dial tone
	to dial	number
	to call	
	to call back	
	to be mistaken (about)	
	to hear (ringing)	bell
	to pick up/to hang up	receiver
	to take/**to leave**	message
operator	to help (**make**)	call
	to make	

ADDITIONAL VOCABULARY

interurban call
long distance call (in
    France: abroad)
area code
to call collect
telephone office,
    switchboard
telephone book

Chapter one   ACADEMIC LIFE

THE ESSENTIAL

pupil, student (in elementary school or high school)	to enter	school
	to register (for), to enroll (in)	high school
		university
student (at the university)	to go (to)	
	to leave, quit	
	to be expelled (from)	
	to take	course
	to go (to)	lecture course
	to attend	
	to skip	
	to do over, repeat	
	to listen to	lecture
		lecturer
	to take	notes
	to write	paper
	to do	oral report
	to live in, stay	dormitory
		university residence
	to take	room
		in a private home
		in town
		meals at the university restaurant
	to pay	expenses
		lodging
		food
		registration
	to make, to apply for	scholarship request
	to win	scholarship
	to be	scholarship student

ADDITIONAL VOCABULARY

reopening of school   schedule of courses   class schedule

candidate	to begin	studies
	to complete	
	to end, finish (well/badly)	
	to be	strong in languages
		weak, poor in history
	to study (for)	examination
	to review (for)	test
	to present oneself (for)	mid-term exam
	to take	
	to pass	
	to pass	
	to fail	
	to fail	
	to be failed (on)	
	to cheat (on)	

LIST OF COURSES

HUMANITIES

French
foreign languages—modern: English, German, Russian, etc; classic:
Greek, Latin
literature
history
geography
philosophy

SCIENCES

mathematics—algebra, geometry, trigonometry, modern math (calculus)
natural sciences—biology, zoology, geology, botany, astronomy, physics,
chemistry
technology
economic sciences

ARTS

drawing, painting, music
crafts—pottery, sculpture
gymnastics, physical education

	to receive, get	grades
	to undergo	failure
professor (in high school or college)	to require	exercises
		discussion sections
	to correct	exam
	to give	grade
		result

ADDITIONAL VOCABULARY

faculty	subjects, courses	course of major studies
dean	(obligatory)	
counselor	optional	
	elective	

Divisions of a French university

School of Law and of Economic Sciences
School of Medicine
School of Pharmacy
School of Dentistry
School of Natural Sciences
School of Arts and Letters
School of Fine Arts
Conservatory of Music

Pedagogy
Sociology and the Political Sciences
The Social Sciences
Institute of Technology

Chapter Two   FAMILY LIFE

THE ESSENTIAL

FRIENDS

boy	to meet (by chance)	girl
	to meet, make the acquaintance of	
	to have a date (with)	
	to go out (with)	
bachelor	to flirt (with)	unmarried female
	to chase (after)	
	to fall in love (with)	

SWEETHEARTS

boyfriend	to get along (with)	girlfriend
	to be attached (to) (by affection)	
	to love	
sweethearts	to kiss	
	to love each other	
	to argue, fight	
	to reconcile, make up	
	to become engaged (to)	
	to give	engagement ring
	to announce	engagement
	to break	
	to set	wedding date

THE MARRIAGE

fiancé	to marry	fiancée
mayor priest, minister	to celebrate	marriage (ceremony) civil (at city hall) religious (at church) ceremony
guests	to attend	wedding ceremony
	to congratulate	newlyweds

CARE OF THE HOME

newly married couple	to move (into)	apartment
	to furnish	
	to keep up	
	to set up	home

DOMESTIC LIFE

couple	to live	in harmony
husband wife	to get along (well/ badly) (with)	
	to feel frustrated	
	to argue	

DIVORCE

husband, wife	to ask for	divorce
	to execute, carry out	division of property
	to divorce	
divorced person	to pay	alimony (check)
	to have	custody of the children

BIRTH

wife, woman, mother	to be pregnant	
	to expect	baby, child
	to give birth	
	to put to nurse	baby
	to nurse	
baby, child	to be born	
parents	to raise (well/badly)	child
	to pamper	kid
	to spoil	
	to scold	
	to punish	
son, daughter	to resemble	father, mother
	to obey	parents
	to disobey	liberal
		understanding
		strict
		old-fashioned
	to grow up	
	to rebel	

DEATH

a person	to grow old	
	to die (young)	
widower, widow	to be	in mourning
		overcome by grief
orphan	to attend	funeral, funeral service
		burial
	to inherit	worldly goods
		fortune

Chapter three   HEALTH

THE ESSENTIAL

ADDITIONAL VOCABULARY

back	buttock	skeleton	vein	blood	skin	flesh	
side	throat	artery	liver	nerve	body hair		

HEALTH

Alan (Anne)	to be	in good health/sick
		strong, strapping, sturdy/weak
		healthy in body and mind
		fat/thin
		active, energetic/lazy
		muscular/feeble, weak
		fat/thin
	to be, to feel (well/ill)	
	to be, look	well/sick
	to have	healthy complexion
	to take care of	one's health
	to keep up, maintain	
	to feel	a pain
a person	to get fat, to put on weight	
	to be	on a diet
	to put oneself	
	to get thin, to lose weight	

ACCIDENTS

to wound oneself (in)
to fall (down)
to hurt oneself
to break a leg
to sprain an ankle
to be carried on a
  stretcher
to walk with crutches
to wear a bandage, to
  be bandaged
to have an arm in a
  cast/sling
to undergo a shock
to faint, to lose con-
  sciousness
to poison oneself
to be poisoned (by)

SICKNESSES

to get sick
to catch
  a cold
  the flu
  bronchitis
  pneumonia
to catch a cold
to cough
to have a
  fever
  sore throat (head-
  ache, backache, etc.)

THE DOCTOR AND THE PATIENT

the doctor	to examine	sick person, patient
	to take care of	patient
	to cure, heal	
	to ask	sort of pain
	to make	diagnosis
	to prescribe	medicines
	to write	prescription
	to give	advice
		care (medical)
	to charge	bill (to the patient)
the surgeon	to operate	on the patient
the nurse	to bandage	wound
	to give	shot
	to take	(someone's) pulse
		(someone's) blood pressure
		(someone's) temperature
		X-ray
the patient	to consult	doctor
	to complain (of)	pain
	to feel	
	to take	aspirin
		vitamins
	to relax	
	to rest	
	to get well	
the dentist	to detect	cavity
	to fill	teeth
	to pull	
	to extract	
	to clean	

Chapter four   BEAUTY AND FASHION

THE ESSENTIAL

IN THE BEAUTY SHOP

client, customer	to make an appointment (with)	hairdresser, beautician
	to ask for	shampooing
		shampoo-in coloring
		set
	to have done	body wave
		permanent
		haircut
	to give	tip (to the hairdresser)

hairdresser	to wash	hair
	to rinse	thick/thin
	to dye	very curly/wavy
	to comb	curly/straight
	to brush	tangled
	to tease	wig
	to do	haircut
		short/long
manicurist	to do	manicure
	to put on	nail polish

AT THE BEAUTY CLINIC

client, customer	to have	complexion
		light/browned, tan
		pale/ruddy
	to need	facial
	to have done	treatment
		makeup
	to put on makeup	
cosmetician	to specialize (in)	care of the face
		of the skin
		massage
	to put on	makeup
	to apply	
	to pluck	eyebrows
	to tone down	wrinkles
	to hide	scar

AT THE BARBER'S

barber	to cut	hair
	to shorten	on the neck, at the back
		in front
		on the sides
		on top
	to make	part
		on the right/on the
		left
		in the center
	to trim	moustache
		beard
		sideburns
	to shave	customer
	to massage	scalp

ADDITIONAL VOCABULARY

hair trim	clippers
to get a shave	shaver (electric, safety)
shaving creme, soap, lather	blade

IN A SHOP (A STORE, A DEPARTMENT STORE)

—May I help you, Sir (Ma'am, Miss)?
—Could you show me _____ ?
—What size are you? Allow me to take your measurements.

customer	to do	shopping
	to try on	article of clothing
	to put on	clothes, clothing
	to wear	
article of clothing	to go well/badly (on)	person
	to fit (well/ badly)	
	to be	long/short
		tight/loose
		of a (dark/light) color (tone)
	to sell, to be sold	on sale, on clearance
		at a reduction

ADDITIONAL VOCABULARY

at a couturier's	made-to-order
high fashion	second-hand
to put up for sale	to make a dress
ready-to-wear	

CLOTHING SIZES (WOMEN)

	American	European		American	European
blouses	32	40	shoes	6	35
	34	42		6½	37
	36	44		7–7½	38
	38	46		8	38
	40	48		8½	39
suits	10	40		9	40
	12	42	hose	8	0
	14	44		8½	1
	16	46		9	2
	18	48		9½	3
				10	4

CLOTHING SIZES (MEN)

	American	European		American	European
shirts	14½	37	shoes	9½	43
	15	38		10	44
	15½	39		10½	44
	16	41		11	45
	16½	42		11½	45
suits	36	46		12	46
	38	48	hats	7	56
	40	51		7⅛	57
	42	54		7¼	58
	44	56		7⅜	59
	46	59		7½	60

Chapter five   TRAVELING AND MEANS OF TRANSPORTATION

THE ESSENTIAL

ON THE STREET

pedestrian

	to go down	street
	to go up	sidewalk
	to cross	pavement
	to take a walk (on)	route, road
	to walk (along)	boulevard
	to stroll (along)	
	to look for	address
	to ask for	way
	to indicate	
	to lose	
	to get lost	

IN A CAR

driver

	to go, to drive	by car, in the car
	to drive along	
	to get through, pass	driver's license (test)
	to take out	insurance
	to start	car
	to drive	
	to accelerate	
	to brake, to put on the brakes	
	to park	
	to pass	another car
	to catch up, to come up to	truck
	to skid	
	to honk	
	to pick up	hitchhiker
	to have	accident
		breakdown
		puncture
city police officer, cop	to give	traffic ticket
national police officer	to make out	
C.R.S. (national police)	to direct	traffic
	to be busy (with)	bottleneck

ADDITIONAL VOCABULARY

dashboard
gas tank
mileage indicator

gas pump
steering wheel

ON THE TRAIN

traveler	to take	train
	to buy, to get	ticket (one way)
	to pay for	first class
	to confirm	second class
	to cancel	round-trip ticket
		one-way ticket
		return ticket
	to make	reservation (ahead of time)
	to rent, get, book	berth in a six-person compartment
	to book, reserve	seat, place
	to change	train
	to get on	train (car)
	to get off	express, fast
	to miss	local

IN A PLANE

plane, jet	to take off (from)	runway
	to land (on)	landing strip
passenger	to go, to fly	by plane
	to check in	baggage
	to have weighed	
	to wait (in)	the waiting room
	to get on board	plane
	to fasten/	seat belt
	to unfasten	

ADDITIONAL VOCABULARY

airline company	flight attendant (m).
flight (direct)	pilot, copilot
flight attendant (f.)	

CUSTOMS

tourist	to appear (at)	customs
	to go through	
	to show	passport
		visa
		identity card
	to declare	purchases
	to pay	duty
customs officer	to rummage, search	suitcases
	to confiscate	contraband

Chapter six   VACATIONS: LODGING AND FOOD

THE ESSENTIAL

AT THE HOTEL

client, customer	to reserve to be installed (in) to be lodged (in)	room (double/single) with a double bed with a bathroom with a toilet with a shower with breakfast and dinner
	to ask for	room key
	to complain (about)	service heat air-conditioner noise mattress (hard/soft)
manager	to greet	customers (at the front desk)
owner hotel maid	to have brought up to bring down	baggage suitcases

service (included/not included); tax; breakfast

AT THE RESTAURANT

waiter, waitress	to present to hand over	menu menu dish
	to serve	meal
	to expect	tip
customer	to be to die (of)	hungry hunger (of a wolf)
	to reserve	table with four places for four persons
	to ask for	wine list
	to order to eat	food
	to have	drink aperitif (before-dinner drink)
	to pay	bill

Chapter seven   THE FRENCH ARE ALSO LIKE THAT

THE ESSENTIAL

person	to respect to make fun (of) to argue (with)	someone

	to hate, to detest	
	to scorn	
	to mistreat	
	to irritate	
	to annoy	
	to plague, bother	
	to insult, to affront	
	to insult, to call someone names	
	to wound (feelings)	
	to snub, to slight (someone)	
good talker	to talk, converse, chat	rudely/politely
	to gossip	
	to tell, spread	gossip
person	to shut up	
	to be mistaken	
	to gripe	
	to grumble	
	to whimper, whine	
	to sneer	
	to whisper	
	to stammer	
	to lie	
	to swear (in court)	
person	to swear (with God's name)	
	to apologize	
tone (of language)	to be able to be	lively
		bitter
		gentle
		rude
		vulgar
		eloquent
		improper
It is possible to treat a person with		respect, dignity
		kindness
		roughness, harshness
		impoliteness
		rudeness
person being spoken to listener	to react (with)	surprise
		incredulity
		pleasure, delight
		anger
person	to be able to be	clumsy/swift, skillful
		lazy, lifeless/active, alert
		bashful, shy/sure of oneself
		guarded, cautious/open
		thoughtless, scatterbrained/precise, accurate
		careless/careful
		cowardly/courageous
		clever, shrewd/trusting
		easy to get along with/ tyrannical

relaxed/anxious,
   uneasy
smart, intelligent/
   stupid, dumb
foolish, silly/clever

Chapter eight   SPORTS

THE ESSENTIAL

athlete	to train	
	to exercise	
	to dedicate oneself (to)	training
	to impose upon oneself	discipline
	to run	long-distance race
		foot race
	to participate (in)	competition
	to play	soccer
		golf
		tennis
		rugby
player	to respect	rules, rules of the game
	to argue (with)	team members
	to get along (with)	coach
		opponent
		umpire, referee
	to score	goal
	to win	point
	to lose	game, match
score	to be	tied
spectator	to look at	basketball game
fan	to bet (on)	baseball game
lover (of		boxing match
something)		score
		horse race

TENNIS GAME

player	to need	partner
		tennis court
		racket
		balls

ADDITIONAL VOCABULARY

set	scoring
service	15 all
singles game	30
doubles game	40
to be beaten	game
	advantage out
	advantage in

SWIMMING

swimmer	to swim (in)	pool
	to swim (in)	sea
	to dive (in, into)	ocean
		river
		lake
	to float (on)	water

SKIING

skier	to buy	skis
		ski poles
		boots
		bindings
		lift ticket
	to stand, wait	in line
	to take	chair lift
	to take	lessons (from the instructor)
	to learn	technique
	to do	downhill run
	to ski (on)	ski run
		slope

ADDITIONAL VOCABULARY

ski resort
cross-country skiing
downhill skiing

LIST OF SPORTS

underwater diving	skateboarding
sailing	gymnastics
windsurfing	biking
surfing	track events
canoeing	squash
horseback riding	roller-skating
to go horseback riding	ping pong
mountaineering	ice-skating
hiking	hockey
jogging (slow)	
jogging (fast)	

Chapter nine   LEISURE TIME ACTIVITIES

THE ESSENTIAL

a person	to have a good time	
	to amuse oneself	
	to be bored	
	to spend	one's time (doing
	to lose	something)

	to have	time (to do something)
	to go (to)	concert
	to attend	opera
		ballet
	to see	film, movie
		play
		show
	to play	cards
		bridge
		poker
		game of chance

TELEVISION

television viewer	to plug in	television set
	to turn on	television, TV (set) (color)
	to turn off	radio, transistor radio
		record player
	to listen to	record
	to change	channel, station
	to adjust	sound
		color
	to tune in	station
	to turn up/to turn down	volume
broadcaster	to give, present	broadcast
news broadcaster		news
master of ceremonies	to announce	weather forecast
	to transmit, to broad- cast	programs
		sports
	to select	music
		variety
		show

ADDITIONAL VOCABULARY

screen	player, actor
knob	to break down
antenna	breakdown
serial	repairman
film made for TV	repair shop
director	
star	

NEWSPAPERS AND MAGAZINES

a reader	to leaf through	newspaper
	to read	magazine
		daily (paper)
		weekly
		copy
		issue
	to look at	article

advertising
comic strip

editor	to write	editorial
reporter	to publish	article
correspondent	to edit, compile	

ADDITIONAL VOCABULARY

headline
front page
to subscribe (to)
subscription
want ads
   jobs wanted, work wanted
   job offers, help wanted
want ad
advertisement
comic books

Chapter ten   ECONOMIC LIFE

THE ESSENTIAL

employer	to judge	background
		qualifications
	to hire	worker
director of personnel	to fire, dismiss	someone
department head, manager		
president of a company	to direct, run	company
executive		business
job applicant	to look for	job
	to submit	application
	to make	application for a job
	to accept	job
employee	to work	overtime
civil servant		job
		full-time
		part-time
management	to retrain	unemployed
manager	to judge	market
worker	to strike	
union member	to go	on strike

ADDITIONAL VOCABULARY

factory	salary
shop	payment for services
labor union	

AT THE BANK

customer, client	to open	account
	to close	savings account
	to overdraw	
	to be	overdrawn
	to save, economize	
	to save	money
	to deposit	check
		funds, cash
	to change, exchange	foreign currencies
	to withdraw	money
	to spend	
	to be	broke
	to ask for	loan
	to get, obtain	
	to pay back	
	to make out	check (bank)
	to endorse	"rubber" check
	to sign	
	to cash	
	to forge	
banker	to ask for	collateral
		security
	to grant	loan
	to verify, audit	account
		balance
	to charge	interest
	to swindle, rob	
cashier	to cash	check
	to pay	money
	to give	receipt

ADDITIONAL VOCABULARY

credit card

checkbook

cashier's window

teller's window

exchange rate

to cheat

Chapter eleven   POLITICAL LIFE

THE ESSENTIAL

THE GOVERNMENT

regime	to take	power
republic	to seize, take over	
monarchy	to preserve	
constitutional	to hold, have	
absolute	to maintain	

dictatorship
king, queen
dictator
president
person

to resign
to give up

ADDITIONAL VOCABULARY

communism	riot
democracy	demonstrator
socialism	minister
revolution	prime minister
rebellion	representative
crisis	

EXECUTIVE BRANCH

ruler	to govern	country
	well/badly	state
	skillfully	nation
	to assemble	council (of ministers)
	to preside over	cabinet
	to form	
	to name, appoint/to dismiss, to have dismissed	ministers

ADDITIONAL VOCABULARY

mayor
city hall
chief magistrate

LEGISLATIVE BRANCH

parliament	to proclaim, announce	laws
congress	to discuss	amendments
National Assembly	to repeal	
Senate		
House of Representatives		
people	to elect	candidate
	to be represented (by)	
voter	to vote (for/against)	
candidate	to be	elected
	to make	promises
	to keep/to break	
party (political)	to be in agreement (with)	politics, political philosophy
right (conservative)	to argue	
center	to discuss	
left (liberal)	to defend	
	to attack	
citizen		
	to have	right to vote
		freedom (of thought)

ADDITIONAL VOCABULARY

city council
city councilmen
senator
elections
campaign (presidential)
         (electoral)
votes

Appendice C Des Proverbes et des expressions de tous les jours

1. En amour comme à la guerre, tous les coups sont permis.
2. Faute de grives on mange des merles.
3. Chien qui aboie ne mord pas.
4. On ne peut tout avoir.
5. Il ne faut jamais remettre au lendemain ce que l'on peut faire le même jour.
6. Qui se ressemble s'assemble.
7. Qui trop embrasse mal étreint.
8. Plus on est de fous plus on rit.
9. Deux avis valent mieux qu'un.
10. Le monde appartient à celui qui se lève tôt.
11. Loin des yeux, loin du coeur.
12. Quand on veut on peut.
13. L'habit ne fait pas le moine.
14. Un malheur ne vient jamais seul.
15. Ne vendez pas la peau de l'ours avant de l'avoir tué.
16. Plus on pratique, mieux on sait.
17. Ne réveillez pas le chat qui dort.
18. Appelons un chat un chat.
19. Il faut de tout pour faire un monde.
20. Ne faites pas à autrui ce que vous ne voudrez pas qu'on vous fasse à vous-même.
21. Rien ne vaut son chez soi.
22. Qui rien ne sait, de rien ne doute.
23. Laissez faire, laissez dire.
24. Qui se sent morveux se mouche.
25. Tenez bon.
26. Charbonnier est maître chez soi.
27. Mieux vaut tard que jamais.
28. Mieux vaut un petit quelque chose que rien du tout.
29. Qui ne risque rien, n'a rien.
30. Pas de nouvelles, bonnes nouvelles.
31. Une faute n'en excuse pas une autre.
32. Il faut d'abord balayer devant sa porte.

1. *All's fair in love and war.*
2. *Beggars can't be choosers.*
3. *His bark is worse than his bite.*
4. *You can't have your cake and eat it too.*
5. *Never put off till tomorrow what you can do today.*
6. *Birds of a feather flock together.*
7. *Haste makes waste.*
8. *The more the merrier.*
9. *Two heads are better than one.*
10. *The early bird catches the worm.*
11. *Out of sight, out of mind.*
12. *Where there's a will there's a way.*
13. *You can't judge a book by its cover.*
14. *When it rains it pours.*
15. *Don't count your chickens before they're hatched.*
16. *Practice makes perfect.*
17. *Let sleeping dogs lie.*
18. *Let's call a spade a spade.*
19. *It takes all kinds to make a world.*
20. *Do unto others as you would have **them do unto you**.*
21. *There's no place like home.*
22. *Ignorance is bliss.*
23. *Live and let live.*
24. *If the shoe fits, wear it.*
25. *Never say die.*
26. *A man's home is his castle.*
27. *Better late than never.*
28. *Half a loaf is better than none.*
29. *Nothing ventured, nothing gained.*
30. *No news is good news.*
31. *Two wrongs don't make a right.*
32. *People who live in glass houses shouldn't throw stones.*

33. Moins on en parle, mieux ça va.	33. *The less said the better.*
34. Aussitôt dit, aussitôt fait.	34. *No sooner said than done.*
35. Charité bien ordonnée commence par soi-même.	35. *Charity begins at home.*
36. La familiarité engendre le mépris.	36. *Familiarity breeds contempt.*
37. La vérité peut se dire en riant.	37. *Many a true word is spoken in jest.*
38. Si l'on lui en donne long comme le doigt, il en prendra long comme le bras.	38. *Give him an inch and he'll take a mile.*
39. Tant qu'il y a de la vie, il y a de l'espoir.	39. *Where there's life there's hope.*
40. Faire des économies de bouts de chandelles.	40. *Penny wise and pound foolish.*
41. L'argent est cause de tous les maux.	41. *Money is the root of all evil.*
42. Il n'y a pas de fumée sans feu.	42. *Where there's smoke there's fire.*
43. Les apparences sont trompeuses.	43. *Still water runs deep.*
44. C'est la voix du sang qui parle.	44. *Blood is thicker than water.*
45. L'habitude engendre l'ennui.	45. *Variety is the spice of life.*
46. Garder une poire pour la soif.	46. *Put something away for a rainy day.*
47. C'est à prendre ou à laisser.	47. *Take it or leave it.*
48. Touchons du bois.	48. *Keep your fingers crossed. (Knock on wood.)*
49. Arrête d'en faire une montagne.	49. *Don't make a mountain out of a molehill.*
50. Cela me donne à réfléchir.	50. *That's food for thought.*
51. Vous êtes tombé juste.	51. *You hit the nail on the head.*
52. Il l'a menée en bateau.	52. *He took her for a ride.*
53. Mon petit doigt me l'a dit.	53. *A little bird told me.*
54. Les jeux sont truqués.	54. *The cards are stacked.*
55. Le juste milieu.	55. *The happy medium.*
56. C'est aussi clair que du jus de chique.	56. *It's as clear as mud.*
57. C'est vieux comme le monde.	57. *That's as old as the hills.*
58. Il boit comme un trou.	58. *He drinks like a fish.*
59. Etre dans le pétrin (la mélasse).	59. *To be up a creek without a paddle.*
60. Jurer comme un charretier (un templier).	60. *To swear like a trooper.*
61. Vendre la mèche.	61. *To let the cat out of the bag.*
62. Casser sa pipe.	62. *To kick the bucket.*
63. Porter un coup bas.	63. *To hit below the belt.*
64. Se fourrer le doigt dans l'oeil.	64. *To be out in left field.*
65. En venir au fait.	65. *To get down to brass tacks.*
66. Remettre cela à un autre jour.	66. *To take a rain check.*
67. Leur jeter de la poudre aux yeux.	67. *To pull the wool over someone's eyes.*
68. Avoir plusieurs cordes à son arc.	68. *To have many irons in the fire.*
69. Vivre au jour le jour.	69. *To live from hand to mouth (on a shoestring).*
70. Travailler pour des prunes (le roi de Prusse).	70. *To work for peanuts (chicken feed).*
71. Nager entre deux eaux.	71. *To play both ends against the middle.*
72. Se vendre comme des petits pains.	72. *To sell like hotcakes.*
73. Se porter comme un charme (à merveille).	73. *To feel as fit as a fiddle.*
74. Garder son sang-froid.	74. *To keep one's cool (head).*
75. Tout est bien qui finit bien.	75. *All's well that ends well.*

Vocabulaire

The vocabulary contains all words that appear in the text except articles and cognates which have been judged as easily recognizable. Verbs are listed in the infinitive form with irregular past participles indicated in the parentheses after the infinitive. Idioms are listed under the most important word (or words) in the expression. Irregular noun plurals and irregular feminine forms of adjectives are also included.

The words contained in the vocabulary are defined within the context of the reading selection in which they appear.

ABBREVIATIONS:

adj. adjective
conj. conjunction
f. feminine
fam. familiar
m. masculine
n. noun
pl. plural
part. participle
pp. past participle

abonnement *(m.)* subscription
s'abonner to subscribe
aborder to approach; to tackle a question
abstrait(e) abstract
accéder to attain, to arrive at; to enter into
s'accommoder to reconcile, to admit
accomplir to realize, to perform, to fulfill
accorder to grant; **s'—** to agree, to grant
accoucher to give birth
accrochage *(m.)* dispute, quarrel
accueillir to greet
accuser to charge, to accuse
acharné(e) bent on, keen, desperate
achat *(m.)* purchase
achever to complete
acquérir to acquire, to obtain
actualité *(f.)* event of the moment
actuel (actuelle) of today, current, present
actuellement now, at this moment
addition *(f.)* bill, check (in a restaurant)
adjoint(e) assistant
adresser to direct, to turn; **s'— à** to appeal to
adroit(e) skillful
aérienne: compagnie *(f.)* **—** airline company
affaire *(f.)* business deal, concern; **les —s** business
affiche *(f.)* poster
afficher to post, to put up
s'affoler to fall into a panic
affreux (affreuse) awful, horrible
affrontement *(m.)* confrontation
afin de so that, in order that
agacer to irritate, to provoke, to set on edge

agent *(m.)* **de police** policeman
agir to act, to do; **il s'agit de** the question is
aigu(e) sharp, acute
alimentaire pertaining to food, diet
alimenter to feed, to supply
ailleurs elsewhere; **d'—** besides; **par —** in addition to which, besides
aîné(e) elder
ainsi thus, therefore
air *(m.):* **foutre en l'—** to mess up, to throw into a state of confusion
aisance *(f.)* ease
aise *(f.)* ease, comfort
ajouter to add
alcoolémie *(f.):* **taux d'—** amount, rate of alcohol
allaiter to nurse
aller: — mieux to be better; **s'en —** to go away, to leave
allogène *(adj.)* (pertaining to) immigrants, cross-fertilized
allumer to turn on; to light (a fire)
allure *(f.)* speed, pace, bearing, behavior
alors then, so, at that moment
ambiance *(f.)* atmosphere, surroundings, environment
amélioration *(f.)* improvement
amende *(f.)* fine, penalty
amener to lead, to bring along
amer (amère) bitter
amoureux (amoureuse) lover, sweetheart
s'amuser to have a good time
angoissant(e) distressing
angoisse *(f.)* agony, great distress, anguish
animateur *(m.)* master of ceremonies

annonce *(f.)* ad, announcement; **une petite —** a classified ad
annuler to cancel
anonymat *(m.)* anonymity
anorak *(m.)* parka
antan *(m.)*: **d' —** of a former time, of yesteryear
apaisant(e) calming, quieting
apercevoir to notice; **s' —** to realize
apéritif *(m.)* drink (before meal)
aphone *(adj.)* voiceless
apparaître to appear, to seem
appareil *(m.)* machine, appliance
appartenir (à) to belong (to)
appel *(m.)* appeal, call, telephone call, summons
apport *(m.)* contribution
apporter to bring (in), to supply
apposer to put, place; to affix
appréciation *(f.)* valuation; appraisal
apprenti (apprentie) *(n.)* apprentice
s'apprêter to get ready; to prepare oneself
appui *(m.)* support
argent *(m.)* money, silver
argenté(e) silvery
arracher to extract, to tear, pull out
arranger to put in order, to settle; **s' —** to manage oneself, to prepare oneself, to put oneself to rights
arrêter to arrest; **s' —** to stop
arrière backwards; **en —** behind
arriver to arrive, to happen; **— à** to succeed in
arrondissement *(m.)* subdivision of Paris
artère *(f.)* artery
artifice *(m.)* artifice, contrivance
assaisonnement *(m.)* seasoning, flavoring
s'asseoir *(pp. assis)* to sit down
assister to attend
assorti(e) matched, paired
assurance *(f.)* insurance; **les —s sociales** social security
atelier *(m.)* shop
attache *(f.)* attachment
atteindre *(pp. atteint)* to reach, to attain, to arrive at
atteinte *(f.)* attack
attendre to wait for, to expect; **s' — à** to expect
attente *(f.)* waiting, expectation
atténuer to tone down
atterrir to land
atterrissage *(m.)* landing
attrait *(m.)* attraction, lure
attraper to catch
attrayant(e) attractive
augmenter to increase, to turn up (sound)
aumônier *(m.)* chaplain
autant as much, as many; **— que** as much as, as many as
autocensure *(f.)* self censure (blame), self-censorship
autogestion *(f.)* self-management
autoroute *(f.)* freeway, super highway
autour de around
avaler to swallow
avance: en — beforehand, before one's time
avenir *(m.)* future
avertir to warn, to advise
avion *(m.)* airplane; **— à réaction** jet plane

avis *(m.)* opinion, decision, announcement, notice
s'aviser to think of; to find
avoir: — besoin de to need; **— lieu** to take place; **— peur** to be afraid; **— envie** to feel like; **— beau dire** to speak in vain; **— beau faire** to try in vain; **— soin de** to take care of; **— à** to have to; to be obliged to
avouer to admit

bague *(f.)* ring
baiser to kiss
bâiller to yawn
baisse *(f.)* fall, decline; *(adj.)* **en — saison** in low season
baisser to lower, to let down; **se —** to bend down
balai *(m.)* broom; **un coup de —** clearance sale
balance *(f.)* scales, balance
balbutier to stammer, to mumble
ballotter to toss about, to send someone from pillar to post
bande *(f.)*: **— dessinée** comic strip
bandé(e) bandaged
bander to bandage
banderole *(f.)* banner
banquier *(m.)* banker
barbe *(f.)* beard
barré(e) crossed out, barred
bas *(m.pl.)* stockings
bâtir to build, to construct
bataille *(f.)* battle
bâtir to build, to construct
battre to beat; **se —** to fight
bavarder to chat, to gossip
béni(e) blessed, sacred
bénéfique beneficial, favorable
béquille *(f.)* crutch
besoin *(m.)* need, want
bête *(adj.)* stupid, dumb
bien *(m.)* benefit; **biens** *(pl.)* worldly goods, fortune
bière *(f.)* beer
bigoudi *(m.)* hair roller
billet *(m.)* ticket, bank-note, bill; **— simple** one-way ticket
bistro *(m.)* bar, pub
blesser to wound, to harm; **se —** to wound, injure oneself
blessure *(f.)* wound
blouson *(m.)* waist-length jacket
bois *(m.)* wood
boisson *(f.)* drink
boîte *(f.)* box; **— de nuit** night club; **— automatique** automatic gear shift
bol *(m.)* bowl, basin
bon: — marché (invar.) cheap, inexpensive
bonheur *(m.)* good fortune, success; **au petit —** in a haphazard manner
bonnement *(adv.)* **tout —** simply, plainly
bord *(m.)* **à — de** in, on board; **tableau de —** dashboard (of car)
botte *(f.)* high boot
bouche *(f.)* mouth
bouclé(e) curly
bouffe *(f.)* eating greedily
bouffer to eat greedily

bouilli(e)   boiled
boulot *(m.)*   job, work
bourse *(f.)*   scholarship
boursier, boursière *(n.)*   scholarship student
se bousculer   to jostle each other
bout *(m.)*   end, extremity
boutiquier, boutiquière *(n)*   shopkeeper
bouton *(m.)*   button
brancher   to install, to plug into; **branché(e) sur**   plugged into
braquer: se —   to become hostile in one's opposition, to oppose in a hostile manner
bras *(m.)*   arm
bref (brève)   short, brief
brevet *(m.)*   diploma, certificate
brigade *(f.)*   squad
brodé(e)   embellished, embroidered
bronchite *(f.)*   bronchitis
bronzant(e)   tanning
bronzé(e)   tanned, brown
brosse *(f.)*   brush
brosser   to brush
brouhaha *(m.)*   hubbub, uproar, din
bruit *(m.)*   noise
brusquerie *(f.)*   roughness, harshness
bulletin météo *(m.)*   weather forecast
bureau *(m.)*   office
but *(m.)*   objective, goal, purpose
buté(e)   close-minded, not open to others
buveur, buveuse *(n)*   drinker, drunkard

cabinet *(m.)*   doctor's office
se cabrer   to revolt, to fly into a passion
cacahuète *(f.)*   peanut
cachemire *(m.)*   cashmere
cachette: en —   secretly
cadre *(m.)*   setting, surroundings; **les —s**   managerial staff
cafard *(m.): avoir le —*   to be fed up
caillot *(m.)*   blood clot
caisse *(f.)*   cashier's window, cash register
caissier *(m.)*   cashier
caler   to wedge, to jam
camion *(m.)*   truck
camoufler   to hide
campagne *(f.)*   campaign
cancérigène *(adj.)*   cancer-causing, cancerous
candidature *(f.)*   candidacy
candide *(adj.)*   trusting, guileless
cap *(m.)*   point; **franchir le —**   to go beyond a certain point
capter   to tune in; to win, to attract
carie *(f.)*   cavity (in a tooth)
carnet *(m.)*   notebook; **— de chèques**   checkbook
carrefour *(m.)*   crossroad, intersection
carrière *(f.)*   career
carte *(f.)*   card, map; **— des vins**   wine list; **— maîtresse**   master card
cas *(m.)*   case; **en tout —**   at any rate; **suivant le —**   depending on the situation
casser   to break

causer   to chat, to converse
caution *(f.)*   collateral, deposit, bail
céder   to give up, to give in to, to surrender
ceinture *(f.)*   belt; **— de sécurité**   seat belt
célibataire *(m.)*   bachelor; *(f.)*   unmarried woman
censure *(f.)*   censorship
central: (le bureau) —   main telephone office
centrale *(f.)*   power station
certes   indeed, most certainly
cesser   to stop, to cease
chagrin(e)   troubled; distressed
chaîne *(f.)*   TV channel, station
chair *(f.)*   flesh
châle *(m.)*   shawl
chaleur *(f.)*   warmth, heat
champ *(m.)*   field
chance *(f.)*   chance, luck, fortune
charcuterie *(f.)*   cold cuts, delicatessen
charger   to load, to overburden; **se — de**   to take charge of
chasse *(f.)*   hunting
chauffage *(m.)*   heat, heating
chaussée *(f.)*   pavement
chaussette *(f.)*   sock
chaussure *(f.)*   shoe
chauvin, chauvine *(n.)*   chauvinist
chef *(m.)*   head; **— de service**   department manager; **— du personnel**   personnel director; **— d'entreprise**   president of a company
chemin *(m.)*   route, path, road
chemise *(f.)*   shirt; **chemisette** *(f.)*   short-sleeved shirt
chemisier *(m.)*   blouse
chercher   to look for; **— à**   to try
chercheur *(m.)*   investigator
chevelure *(f.)*   hair, head of hair
cheveux *(m.pl.)*   hair
cheville *(f.)*   ankle
chirurgie *(f.)*   surgery
chirurgien *(m.)*   surgeon
choc *(m.)*   shock
choisir   to choose
choix *(m.)*   choice
chômage *(m.)*   unemployment
chômeur *(m.)*   unemployed worker
choper   to steal, to pinch
chouchouter   to spoil, to pet
chou-fleur *(m.)*   cabbage
choyer   to pamper
chuchoter   to whisper
chute *(f.)*   fall, ruin, drop
cicatrice *(f.)*   scar
cil *(m.)*   eyelash
cimetière *(m.)*   cemetery
circonscription *(f.)*   electoral district, ward
circulation *(f.)*   traffic
cirque *(m.)*   circus
ciseaux *(m.pl.)*   scissors
citer   to name, to point out
citoyen, citoyenne *(n.)*   citizen
civière *(f.)*   stretcher
clair(e)   light, clear

clairsemé(e) thinned out
clamer to call out, to cry out
clé *(f.)* key; *also* **la clef**
cliché *(m.)* hackneyed expression
client, cliente *(n.)* customer
clignotant *(m.)* turn signal
climatiseur *(m.)* air-conditioner
clôture *(f.)* fence, enclosure
cocardier *(adj.)* chauvinistic
coéquipier *(m.)* team-mate
coffret *(m.)* small chest
coiffeur, coiffeuse *(n.)* hairdresser
coiffure *(f.)* hairdo
coin *(m.)* corner
coincer to jam, to stick
coïter to have sexual intercourse, to copulate
colère *(f.)* anger
col *(m.)* collar; — **roulé** rolled collar
collant *(m.)* pantyhose
coller un candidat to fail a candidate on an exam, **collé(e)** failed
colonne *(f.)* column; pillar
coloré(e) ruddy
commande *(f.)* order
commander to order
commérage *(m.)* gossip
commerçant *(m.)* businessman, merchant
commode *(f.)* chest of drawers
commun(e) common, ordinary; **en —** in common
commune *(f.)* district, ward
compagne *(f.)* companion, spouse
compatissant(e) compassionate
complet *(m.)* man's suit of clothes
complet (complète) full, entire, complete
compléter to complete, to perfect; **se —** to compliment one another
comportement *(m.)* behavior
comporter to allow, to admit; **se —** to behave, to act
compréhensif (compréhensive) understanding
compris(e) included; **y —** including
compte *(m.)* account, count; **en fin de —** to sum up; **se rendre —** to realize; **tenir —** to take into account; **—d'épargne** savings account
compteur *(m.)* mileage indicator
concierge *(m. ou f.)* porter, door-keeper
conclure to conclude, to infer
concours *(m.)* competitive exam
concurrence *(f.)* competition
condamner to sentence, to convict
conducteur, conductrice *(n.)* driver
conduire to drive, to conduct, to lead; **un permis de —** driver's license; **se — bien** to behave; **se — mal** to misbehave
confectionner to make (a dress)
conférence *(f.)* lecture
conférencier, conférencière *(n.)* lecturer
confiance *(f.)* trust, reliance, confidence; **faire — à quelqu'un** to trust someone
confiant(e) self-confident, assured, confident
confier to entrust, to trust, to confide, disclose
confiner to border upon, to verge on

confiture *(f.)* jam
congé *(m.)* holiday **être en —** to be on vacation
conjoint *(m.)* spouse
se consacrer to devote oneself
conscience *(f.)* consciousness; **prendre —** to become aware, conscious
conscient(e) conscious, aware
conseil *(m.)* council, opinion, piece of advice, **les —s** advice
conseiller *(m.)* counselor; councilman
consommateur *(m.)* consumer
constater to state, to declare, to verify
construire to build, to construct
contenir to contain, to restrain
contenu(e) restrained, kept in check
contestataire disputing, challenging, fight against someone or something
contestation *(f.)* struggle, dispute
contester to argue
contrat *(m.)* contract
contravention *(f.)* traffic ticket
contrefaire to counterfeit, to forge
contrôle *(m.):* — **continu** mid-term exam
convaincre *(pp.* **convaincu)** to convince
convenable suitable, proper, appropriate
convenir to fit (clothing), to be convenient; **Il convient de** it is better to
convoité(e) desired
copain, copine *(n.)* pal, friend
coquillage *(m.)* shell fish
corbillard *(m.)* hearse
corps *(m.)* body
correspondant, correspondante *(n.)* party (person) being telephoned, correspondent
costaud *(adj.)* hefty, strapping, sturdy
costume *(m.)* suit (of clothes)
cote *(f.)* mark, assessment
côte *(f.)* rib, coast, shore
côté *(m.)* side; **à — de** beside, near, next to
cou *(m.)* neck
coucher to lie down; **se —** to go to bed
couchette *(f.)* berth (on a train)
coude *(m.)* elbow
coudre to sew
couler to flow
couloir *(m.)* corridor
coup *(m.)* blow, knock, stroke; — **de téléphone** phone call; — **de balai** clearance sale
coupable *(m.)* guilty person, culprit
coupe *(f.)* haircut
couramment currently
coureur *(m.)* racer, runner; — **de fond** long-distance runner
courir to run
courrier *(m.)* mail
cours *(m.)* course, quotation, price; **au — de** during; **— d'échange** exchange rate
course *(f.)* race, racing, run; **faire des —s** to go shopping
coursier *(m.)* office messenger
court(e) short

coûter   to cost
couture (f.)   high fashion
couvert (m.)   place (at a table); **mettre le —**   to set the table
cracher   to spit
craindre   to fear
crâne (m.)   skull
cravate (f.)   tie
crêper   to tease (hair)
creux (creuse)   hollow, empty
crevaison (f.)   puncture
crise (f.)   crisis
critique (f.)   review
critique (m.)   reviewer, critic
croire   to think, to believe
croiser   to cross, to pass by someone
croissant (pres. part of **croître**)   growing
croissant (m.)   crescent roll
croyance (f.)   belief
cuir (m.)   leather; **— chevelu**   scalp
cuire (pp **cuit**)   to cook
cuisine (f.)   kitchen, cooking
cuisse (f.)   thigh
cultivé(e)   cultured
se cultiver   to improve (educate) oneself
cycle (m.)   cycle of events; **— de formation**   course of major studies

davantage   more
débarquer   to disembark, to alight
débarrasser   to clear (out); **se —**   to get rid of
débouché (f.)   job opening, chance of success
se débrouiller   to get along, to manage; to get out of difficulties
début (m.)   beginning; start
décemment   decently
décennie (f.)   decade
décès (m.)   death
décevoir (pp. **déçu**)   to deceive, to mislead, to disappoint
déchéance (f.)   downfall, decline
décoller   to take off
décolleté   neck-opening, neckline
décontracter   to relax
décrire   to describe
décourager   to discourage
découvert: être —   to be overdrawn
découvrir   to discover, to find
décroître   to decrease, to diminish
défaite (f.)   defeat
défouloir (m.)   place where one can go to get rid of (express) repressed feelings
dégât (m.)   damage
déguisement (m.)   disguise
déguiser   to disguise
dégoûtant   disgusting, distasteful, unpleasant
déguster   to taste, to sample (wines), to drink with relish
dehors   outside
déjà   already
délivrer   to release, to set free, to deliver; **— une ordonnance**   to write a prescription
demain   tomorrow

demande (f.)   request, application, claim
demander   to ask for; **se —**   to wonder
demandeur (m.)   applicant (for a job)
démangeaison (f.)   itching, longing
démarche (f.)   course, step, proceeding, interview
démarrer   to start (car)
déménager   to move (residence)
demeurer   to live, to reside, to stay, to remain
démissioner   to resign
démodé(e)   old-fashioned, obsolete
dent (f.)   tooth
dépassé(e)   out-of-date
dépasser   to go beyond, to pass
dépendre   to depend
dépenser   to spend
déplacé(e)   improper
déplacer   to change the place of; **se —**   to move about, to travel, to change one's residence
déposer   to put down, to deposit, to deliver; **— une plainte**   to lodge a complaint
député (m.)   delegate, deputy, member of the legislature
déraciner   to root up, to cut out
déranger   to bother, to disturb
déraper   to skid
dérégler   to put out of order
dérisoire   ridiculous, laughable
se dérouler   to take place, to develop
dès   from, since; **— que**   as soon as; **— lors**   as soon as
se désaltérer   to quench one's thirst
désarroi (m.)   confusion, disorder
descendre   to come down, to get off
désemparé(e)   disabled, crippled
désespérer   to give up hope, to despair
désincarné(e)   lacking humaneness, impersonal
désormais   hereafter, from now on
dessin (m.)   drawing; **— animé**   cartoon
destin (m.)   destiny
se détendre   to relax, to unbend; **détendu(e)**   relaxed
détenir   to hold, to keep in one's possession, to withhold, to keep back
détente (f.)   relaxation, detente
détourner   to turn away, to dissuade, to divert
détruire   to destroy
deuil (m.)   mourning; **être en —**   to be in mourning
devant: par —   in front
devenir   to become
devise (f.)   device, motto, slogan; **les —s étrangères**   foreign currency
devoir   to have to, to be supposed to, to owe
dévorer   to eat up, to consume
se dévouer   to devote (dedicate) oneself
diminution (f.)   reduction
direction (f.)   management, director's office; **conseil de —**   board of directors
diriger   to direct, to manage
discuter   to discuss, to argue
disparaître (pp. **disparu**)   to disappear
disposer   to lay, to set out, to place; **— de**   to have something at one's disposal
se disputer   to quarrel, to argue
dissertation (f.)   composition, essay, paper

se distraire   to amuse oneself
dodo (m.)   (infantile) sleep
doigt (m.)   finger
domaine (f.)   sphere, province, area
domicile (m.)   residence
donc   thus, therefore, hence, well
dortoir (m.)   dormitory
dos (m.)   back
dossier (m.)   file, record
se doter   to endow, to get for oneself
douane (f.)   customs
douceur (f.)   kindness, gentleness
douche (f.)   shower
doué(e)   gifted, endowed
douleur (f.)   pain, sorrow, soreness
doute (f.)   doubt
douter   to doubt; — de   to mistrust
doux (douce)   sweet, kind, easy, gentle
doyen (m.)   dean
drame (m.)   drama
dresser   to make out
droit (m.)   right, law; les —s   customs duty; avoir —
   à   to have a right to, to deserve
dû (due)   owing to, due to
dur(e)   hard; tough
durée (f.)   duration, lasting quality (of life)
dureté (f.)   difficulty, hardness

eau (f.)   water
écart (m.)   motion, distance apart; à l'—   aside
ecarter   to eliminate, to push aside
échapper   to escape
écharpe (f.)   sling, scarf
échec (m.)   failure
échouer   to fail
éclair (m.)   flash of lightning
éclairage (m.)   lighting
éclairci(e)   cleared up, made clear
éclater   to burst out, to explode
éclipse (f.)   disappearance, absence
éclosion (f.)   opening, blossoming
économie (f.)   economy, saving; faire des —s   to save
   money
économiser   to save up (money)
écran (m.)   screen
écrasant(e)   overwhelming
édition (f.) maison d'—   publishing house
effacer   to erase; s'effacer   to stand aside, to die out
effectuer   to make, accomplish; to carry out
effet (m.)   effect; en —   as a matter of fact
efficace   efficient, effective
effrayant(e)   frightful, dreadful, appalling
effrayer   to frighten, to alarm
égal (pl. égaux)   equal
égalité (f.)   equality; à —   equal in points
s'égarer   to get lost
s'égrener   to tell one thing after another
s'élancer   to dash forward
électeur, électrice (n.)   voter
électrophone (m.)   record player
élevé(e)   high
élever   to raise, to educate

élire (pp. élu)   to elect
embarquer   to get on board
embaucher   to hire
emblée: d'—   right away, directly
embouteillage (m.)   bottleneck
s'embrasser   to kiss, to embrace
émettre   to broadcast
émeute (f.)   riot
émission (f.)   broadcast
emmelé(e)   tangled
émotif (émotive)   emotional
empêcher   to prevent
emploi (m.)   job, employment, use
employer   to use, to employ
empocher   to pocket, to put in one's pocket
s'empoisonner   to poison oneself
emporter   to take away, to remove
empreindre (pp. empreint)   to stamp, to mark, to impress
emprunt (m.)   loan
encaisser   to cash
enceinte   pregnant
enclin(e)   inclined, disposed
encombrant(e)   cumbersome, encumbering
encore   still, yet, always, again
endosser   to endorse (a check)
s'endurcir   to be obdurate, to become tough or hardened
énervement (m.)   irritation, nervousness
énerver   to anger (someone) to irritate; s'—   to get angry,
   to become unnerved
enfermé(e)   enclosed, shut up
enfin   finally, at last, after all, in short
engagé(e)   entangled, jammed
engager   to take on, to catch, to hire, to persuade, to
   involve; s'—   to take upon oneself, to get involved, to
   bind oneself
engoncé(e)   bundled up in one's clothes
s'engouffrer   to be engulfed, to be swallowed up
engrenage (m.)   entanglement, wrangling, negotiations
ennui (m.)   worry, anxiety, avoir des —s   to be worried
s'ennuyer   to be (become) bored
ennuyeux (ennuyeuse)   boring, dull
enquête (f.)   investigation, inquiry
enregistrer   to record, to register, to check
s'enrhumer   to catch a cold
ensuite   then, after, afterwards
s'entendre   to get along with one another, to agree
enterrement (m.)   burial
entourage (m.)   setting, circle of friends
entourer   to surround, to gather round
s'entraider   to help one another
entraînement (m.)   training
s'entraîner   to train
entraîneur (m.)   coach
entrée (f.)   entry, entrance; dish served before main course
entreprise (f.)   business; enterprise
entretien (m.)   interview
envergure (f.)   breadth, largeness, depth
envie (f.)   desire, longing
environ   about
envisager   to consider, to view, to look to the future, to
   project
épais (épaisse)   thick

épanoui(e) having a feeling of well-being, happy
épanouissement *(m.)* developing, blossoming out
épargne *(f.)* saving; **caisse d'—** savings bank
épaule *(f.)* shoulder
épiler to pluck
épingle *(f.)* hairpin
éponger to sponge
épouser to marry, wed
épreuve *(f.)* test, proof, ordeal, examination
épris(e) de taken with, in love with
éprouver to feel (pain), to experience
s'équilibrer to be in equilibrium, to balance
équipe *(f.)* team: **chef d'—** foreman
équiper to fit out, to equip
erreur *(m.)* error
escalade *(f.)* escalation, climb
escalader to climb, to scale
esprit *(m.)* spirit, mind
escroquer to swindle, to rob
essayer to try, to try on
s'essouffler to get out of breath, to get winded
esthéticienne *(f.)* beauty clinician, cosmetician
estimer to estimate, to value, to rate, to consider
estomac *(m.)* stomach
étape *(f.)* stage; halting-place
état *(m.)* state, condition
étayer to support, to back up
éteindre to put out; to turn off
étendre to stretch out, to lay out; **s'—** to lay oneself down
éternuer to sneeze
étoffe *(f.)* material, **avoir l'—** to have the makings
étonnant(e) surprising
s'étonner to be astonished, to wonder
étouffant(e) suffocating, stifling, oppressive
étourdi(e) thoughtless; scatter-brained
étrange strange, odd
étranger, étrangère *(n.)* foreigner, stranger; **à l'—** abroad
étroit(e) narrow; tight (of clothing)
s'évader to escape
s'évanouir to faint
évènement *(m.)* event, occurrence
éviter to avoid
excédent *(m.)* excess, surplus
excédentaire surplus, excessive
s'excuser to apologize
exercer to practice (profession)
exercice *(m.)* practice, work, exercise
exigeant(e) hard to please, over-particular
exigence *(f.)* demand, requirement
exiger to require, to demand
expérience *(f.)* experiment, test, experience
exposé *(m.)* oral report
exquis(e) delicate, nice, exquisite
exténué(e) exhausted, worn out
extraire to extract, to take out

fabrication *(f.)* manufacture, making; **— en série** assembly-line production
fabrique *(f.)* factory
fabriquer to make, to manufacture

façon *(f.)* fashion, manner, way; **de toute —** at any rate
faible weak
faim *(f.)* hunger; **avoir une — de loup** to be ravenously hungry; **mourir de —** to be starving, famished
faire to do, to make; **— part** to inform; **— la grève** to strike; **— office de** to act as; **— le poids** to be up to the job; **se — mal** to hurt oneself; **s'y —** to become accustomed (to something)
fait *(m.)* fact, happening, act; **prendre sur le —** to catch in the act; **au —** as a matter of fact; **en —** in fact; **un — divers** a minor news item
falsifier to forge, to fake
fané(e) faded, withered, drooping
fard *(m.)* makeup
farder to apply makeup
farfelu(e) crazy, eccentric, temperamental
farineux (farineuse) *(adj.)* covered with flour
fastueux (fastueuse) sumptuous
fauché(e) broke, out of money
fausser to bend, to twist, to corrupt, to falsify
faute *(f.)* fault
faux (fausse) wrong, false
féliciter to congratulate
femme de chambre hotel maid, housemaid
fesse *(f.)* buttock
feu *(m.)* fire; **— rouge** traffic light
feuilleter to leaf through
feuilleton *(m.)* TV serial
fiançailles *(f. pl.)* engagement
se fiancer to become engaged
fibranne *(f.)* artificial fibre
fiche *(f.)* card, slip of paper
fier (fière) proud
fierté *(f.)* pride, self-respect
fièvre *(f.)* fever
fil *(m.)* thread; **au — des jours** day after day
filer to speed off; to go quickly
fin *(f.)* end, finish; **en — de compte** to sum up, finally
fixations *(f.pl.)* ski bindings
fixer to fix, to make firm, to determine, to set up
flamme *(f.)* passion, enthusiasm; fire
flâner to stroll
fléau *(m.)* catastrophe, plague
flic *(m.)* cop
flot *(m.)* flood, multitude, immense quantity
flotter to float
foi *(f.)* faith
foie *(m.)* liver
fois *(f.)* time, instance, occasion; **à la —** at the same time
foncé(e) deep, dark
fonctionnaire *(m.)* civil servant, official
fond *(m.)* essence, bottom, foundation; **les —s** funds, cash
formation *(f.)* formation, make-up, forming, moulding (of character), background; **cycle de —** course of major studies
formel (formelle) explicit, strict, categorical
formule *(f.)* set phrase, formula
fort(e) strong
fortement strongly, with force
fossé *(m.)* trench, gap
fouiller to rummage, to search

foule *(f.)* crowd
se fouler to sprain
four *(m.)* oven
fournir to furnish
foutre en l'air *(fam.)* to mess up, to throw into state of confusion; **se foutre de** not to give a damn about
foyer *(m.)* family, home; **fonder un —** to have a family, to set up a home
frais *(m.pl.)* expenses, cost, charges, expenditure
franchement frankly
franchir to pass beyond, to clear, to overcome; **— le cap** to go beyond a certain point
frapper to strike, to hit
frayeur *(m.)* fright, terror
freiner to brake, to put on the brakes
fréquenter to visit (place) frequently
fringale *(f.)* keen appetite
frisé(e) curly
friser to border on
front *(m.)* forehead
froussard(e) cowardly
fuir to shun, to avoid
fumée *(f.)* smoke, smoking
fumer to smoke
funerailles *(f.pl.)* funeral service, funeral
fur *(m.): au — et à mesure* as needed

gagner to earn, to win
galanterie *(f.)* politeness to women
garantie *(f.)* security, guaranty; guarantee (of payment)
garde *(f.)* custody, keeping
garder to keep, to take care of, to maintain
garer to park (car)
se gargariser to gargle; **— de** to revel in
garni(e) furnished; **un plat —** meat with vegetables
gars *(m.)* lad, young fellow
gaspillage *(m.)* waste
gaspiller to waste
gâté(e) spoiled
gâter to spoil
gaz *(m.)* gas
géant(e) gigantic
gel *(m.)* gel, cream
gendarme *(m.)* national policeman
gêné(e) embarrassed; bothered
gêner to annoy; to bother
générique *(m.): — de film* film credits
génie *(m.)* genius; talent
genou *(m.)* knee
genre *(m.)* type, sort
gérant(e) *(n.)* manager, director
gérer to direct, to run, to manage
gilet *(m.)* vest
glace *(f.)* plate-glass, ice; mirror
glisser to slide, to slip
goguenard(e) mocking, jeering
gorge *(f.)* throat
gosse *(m. & f.)* child, kid
gouffre *(m.)* pit, chasm
goût *(m.)* taste, liking, relish, style, interest
goûter to taste

gouvernant(e) *(n.)* ruler
grandir to grow up
gras (grasse) fatty, fat
se gratter to scratch oneself
grève *(f.)* strike; **faire la —** to strike; **se mettre en —** to go on strike
grillade *(m.)* grilled (broiled) meat
grincheux (grincheuse) grumpy, crabby
grippe *(f.)* flu
gris(e) gray
grogner to grumble, to grouse
gronder to scold
gros (grosse) fat, big
grossir to get fat
guère: ne. . . — hardly, scarcely
guérir to cure, to heal
guichet *(m.)* teller's window, pay window, box office, entrance (toll) gate
guichetier, guichetière *(n.)* clerk, toll taker

habile skillful
habilement unskillfully
habilleur *(m.)* clothier; dresser
habiter to dwell in, to live in
habits *(m.pl.)* clothing
habitude *(f.)* habit, custom, practice
habitué(e) accustomed, used to
s'habituer à to become accustomed to, to get used to
haïr to hate
hasard chance, luck, accident
hausser to shrug, to lift
haut *(m.)* top; **en —** on top
haut(e) tall, high, elevated, superior
hebdomadaire *(m.)* weekly publication
hérissé(e) surrounded with spikes
hériter to inherit
heure *(f.)* hour, time; **de bonne —** early; **à l'—** on time; **à l'— actuelle** now
honte *(f.)* shame; **avoir — de** to be ashamed about
horaire *(m.)* timetable, schedule
hôtelier, hôtelière *(n.)* person in the hotel business
hôtellerie *(f.)* hotel trade
hôtesse hostess; **— de l'air** stewardess
hydrophile absorbant

ignorer to be unaware of, not to know
illustrés *(m.)* comic books
imbibé(e) soaked
immeuble *(m.)* apartment house, building
impasse *(f.)* dead end, dilemma
imperméable *(m.)* raincoat
impitoyable ruthless, merciless
impôt *(m.)* tax
imprévisible unforeseeable
imprévu(e) unforeseen, unexpected
impulsion *(f.)* impulse, stimulus
incitatif (incitative) inciting, urging on
incomber à qqn to be incumbent on someone, to rest on
incongru(e) unseemly, inconvenient
indemnisé(e) compensated
indice *(m.)* sign, indication

indisponibilité *(f.)* unavailability
infarctus *(m.)* infarction (heart attack)
infirmier, infirmière *(n.)* nurse
infliger to inflict; **— un affront** to snub, to slight someone
ingénieur *(m.)* engineer
injurier to call someone names, to insult
inné(e) innate, inborn
inquiet (inquiète) uneasy, anxious
inquiétant(e) disturbing, upsetting
s'inquiéter to be anxious, to be uneasy
inscription *(f.)* registration, enrollment
s'inscrire *(pp.* **inscrit)** to enroll, to register, to sign up
insouciance *(f.)* unconcern, casualness
instar: à l'— de like, after the manner of
instituteur *(m.)* teacher
insuffisance *(f.)* insufficiency, insufficient quantity
interdire to forbid, to prohibit
s'intéresser à to have an interest in
interlocuteur, interlocutrice *(n.)* speaker in a conversation or discussion
intersaison *(f.)* period between seasons
intervenir sur to interfere with, to become involved with
investi(e) invested
ironiser to speak sarcastically
irréprochable *(adj.)* faultless (attire)

jambe *(f.)* leg
jambon *(m.)* ham
jeter to throw, to toss; **— un coup d'oeil** to glance
jeu *(m.)* game; **vieux —** old-fashioned
jeûne *(m.)* fast, fasting
jeunesse *(f.)* youth, young people
joie *(f.)* happiness, joy
joindre to join, to combine, to attach
jongler to juggle
joue *(f.)* cheek
jouir (de) to enjoy
jour *(m.)* day; **au — le —** from day to day
journaliste *(m. ou f.)* news broadcaster; journalist
juger to judge
jupon *(m.)* half slip
jurer to swear (in court)
jusqu'à until; **— présent** until now
jusque-là up to that time, up to this point
justesse *(f.):* **de —** just in time; in the nick of time

klaxonner to honk (horn)

lâcher to release, to let go
laid(e) ugly
laisser to let, to leave, to give up; **se —** to let oneself
lame *(f.)* razor blade
lampadaire *(m.)* street light
langue *(f.)* tongue
large *(adj.)* wide, loose (of clothing)
largement widely, amply
laver to wash
laxisme *(m.)* laxity
lecteur, lectrice *(n.)* reader, subscriber

légume *(m.)* vegetable
lenteur *(f.)* slowness
lettre *(f.)* letter; **les —s** literature, the humanities
lèvre *(f.)* lip
libation *(f.)* drink
libellé(e) worded, drawn up
libeller to sign and date, to make out (a check)
licence *(f.)* French graduate degree
lier to tie up, to link, to connect
lieu *(m.)* place; **au — de** instead of; **avoir —** to take place
ligne *(f.)* line, cord, way, path; line of work (study)
lit *(m.)* bed
livret *(m.)* **— scolaire** report card; **— de famille** book issued to married couples to register births and deaths
livraison *(f.)* delivery
localiser to locate, to localize
logement *(m.)* housing, living place
loger to room, to live in; **— à un hôtel** to stay at a hotel
loi *(f.)* law
loisir *(m.)* leisure
long: tout au — de throughout
lors de at the time of; **dès lors** from that time, since then, as soon as
louer to rent, to book, to get
lourd(e) heavy
loyer *(m.)* rent
lutter to struggle, to wrestle
luxe *(m.)* excess, extravagance, luxury

magazine *(m.)* magazine
maigre *(adj.)* thin
maigrir to get thin, to lose weight
maillot *(m.)* swim suit
main *(f.)* hand
maintenir to keep, to maintain; **se —** to last, to hold one's own
maire *(m.)* mayor
mairie *(f.)* city hall
maître, maîtresse *(n.)* teacher
maîtriser to master, to get under control
mal *(m.) (pl.* **maux)** pain, ache, evil, harm
malade *(f. & m.)* patient
maladie *(f.)* disease, sickness, illness
maladroit(e) awkward, clumsy, tactless
malaise *(f.)* discomfort, uneasiness
mâle *(m. & adj.)* male
malgré in spite of; **— tout** after all, nevertheless
malheureusement unfortunately
malhonnêteté *(f.)* rudeness, dishonesty
mallette *(f.)* small suitcase
maltraiter to mistreat
manche *(f.)* sleeve; **la Manche** English Channel
manche *(m.)* handle, control stick
manier to handle
manifestant, manifestante *(n.)* political demonstrator
manque *(m.)* lack, want
manquer to lack, to miss
manteau *(m.)* coat
manucure *(f.)* manicurist, manicure
maquillage *(m.)* make-up

se maquiller to put on makeup
marchand (*m.*) merchant
marche (*f.*) walking
marché (*m.*) market, deal, contract; **bon —** (*invar.*) cheap; inexpensive
marcher to walk, to run, to function, to work
se marier to get married
marquer to score, to record, to note; **— les points** to keep score
masser to massage
matelas (*m.*) mattress
maternant (*adj.*) mother-like
matière (*f.*) material, subject, course
maugréer to grumble, to fume
maxime (*f.*) maxim
méchant(e) spiteful, vicious
méconnu(e) unrecognized; disregarded
médical (médicaux) (*adj.*) medical
médicament (*m.*) medicine
méfait (*m.*) misdeed, damage
méfiant(e) distrustful, suspicious
mégot (*m.*) cigarette butt
mélange (*m.*) mixture, mingling
membre (*m.*) limb
même even, same; **de —** also; **— si** even if; **quand —** all the same; **tout de —** however
ménage (*m.*) housekeeping, household, family; **un jeune —** young couple
ménager to maintain, to arrange
ménager, ménagère (*n.*) thrifty person, housekeeper
mener to guide, to lead, to take
mensuel (mensuelle) monthly; **un —** monthly publication
mentir to lie
mesure (*f.*) measure; **sur —** made-to-order
mentionner to mention, to name
menton (*m.*) chin
mépriser to scorn
merveilleux (merveilleuse) wonderful, marvelous
mesure (*f.*) measure; **à votre —** made just for you, suited to your capabilities; **au fur et à —** as needed
mesurer to calculate, to compare, to examine, to measure; **se —** to try one's strength, to contend, to vie
métier (*m.*) trade, profession
métissage (*m.*) cross-breeding
metteur en scene (*n.*) director
mettre to put, to place, to put on, to wear; **— en scène** to present; **— en nourrice** to put out to nurse; **se — en grève** to go on strike; **se — à** to begin, start; **se — en colère** to get angry;
meuble (*m.*) piece of furniture
miel (*m.*) honey
milieu (*m.*) surroundings, setting, circle; **au — de** in the middle of
mince (*adj.*) thin, narrow
mine (*f.*) complexion, appearance, look
minet (*m.*) (*fam.*) stylish young man
mini-vague (*m.*) body wave
minuscule (*adj.*) small
minuter to record
miroir (*m.*) mirror

mise (*f.*) placing, putting; **— en plis** hair set
mixité (*f.*) mixture, mixing
moche (*adj.*) ugly, stupid, disgusting
mode (*f.*) fashion, style; **le—** way, means
mœurs (*f.pl.*) morals or manners
moindre (*adj.*) less(er); **le —** least
moitié (*f.*) half
mollet (*m.*) calf (of leg)
mondial (mondiaux) (*adj.*) world-wide
moniteur, monitrice (*n.*) instructor
monnaie (*f.*) currency, money; **— forte** hard currency
montant (*m.*) total amount
montée (*f.*) rise
monter to climb, to rise, to get up, to get on; **— à bord** to get on board
montre (*f.*) watch
montrer to show, to demonstrate; **se —** to show oneself
se moquer (de) to make fun (of), to ridicule
morceau (*m.*) piece, morsel, bit
mort (*f.*) death
mou (molle) soft
se moucher to wipe, blow one's nose
moufle (*m.*) mitten
mourant(e) (*n.*) dying person
mourir to die; **— de faim** to be famished
mousse (*f.*) foam, lather
mouvant(e) fickle, changeable
moyen (*m.*) way, means, manner
moyenne (*f.*) average
muet (muette) speechless, silent
mutation (*f.*) change, mutation

naïf (naïve) naive, unsophisticated
naissance (*f.*) birth
naître (*pp.* né) to be born
néfaste (*adj.*) dangerous, ill-omened
nerf (*m.*) nerve
nettement clearly, distinctly
nettoyage (*m.*) cleaning, cleansing
nettoyer to clean
neuf (neuve) (*adj.*) new, brand new
neurasthénique (*adj.*) in a debilitating, depressive state
nez (*m.*) nose
nier to deny, to disown
nigaud, nigaude (*n.*) simpleton, fool
niveau (*m.*) level
nocivité (*f.*) injuriousness, danger
nom (*m.*) name
nombreux (nombreuse) numerous, various
nomination (*f.*) appointment, notification of employment
nommer to name, to appoint
notaire (*m.*) notary
note (*f.*) bill, mark, grade; **—s** notes
noter to notice, to remark, to note down
nourrice (*f.*) wet-nurse; **mettre un enfant en —** to put a child out to nurse
nourrir to feed, to nourish, to nurse
nourissant(e) nourishing
nu(e) bare, nude
nuage (*m.*) cloud

numéro *(m.)* number
nuque *(f.)* nape of the neck
nul (nulle) no, not one

obtenir to get, to obtain
d'occasion second-hand
occuper to occupy, to take up (space); **s'—** to keep busy;
  s'— de to take care of, to be busy with
oeil *(m.)* **(les yeux)** eye
office *(m.)* function, duty; **faire — de** to act as
offre *(f.)* offer; **une — d'emploi** help-wanted ad
offrir to give, to present; **c'est pour —** it is for a present
omnibus *(m.)* local train
ondulé(e) waved, wavy
or *(m.)* gold
or *(conj.)* now
ordonnance *(f.)* prescription; order, arrangement
ordonner to order, to command
oreille *(f.)* ear
origine *(f.)* source, beginning
orphelin(e) *(n.)* orphan
os *(m.)* bone
oser to dare
ôter to take off, to remove
oubli *(m.)* oblivion, forgetfulness
ourlé(e) outlined, bordered, hemmed
outil *(m.)* tool
outrance *(f.)* excess
outre beyond; **en — de** besides, in addition to
ouvrier, ouvrière *(n.)* worker

pair(e) equal, even; **au —** with no salary
paix *(f.)* peace
palace *(m.)* deluxe, luxury hotel
panne *(f.)* breakdown
panneau *(m.)* advertisement sign, road sign
pantalon *(m.)* pants, trousers
pantoufle *(m.)* slipper
papoter to gossip
paquet *(m.)* pack, package
paradis *(m.)* paradise
paraître *(pp.* **paru)** to seem, to appear
paravent *(m.)* folding screen
parcourir to travel through, to traverse, to go over
pardessus *(m.)* overcoat
pare-choc *(m.)* bumper
pareil (pareille) such, like that, similar
paresse *(f.)* laziness, apathy
paresseux (paresseuse) lazy
pari *(m.)* bet, wager; stake
parier (sur) to bet (on), to wager
part *(f.)* share, part; **à —** apart, separately, aside; **faire
  —** to inform, to advise; **quelque —** somewhere; **d'autre —** on the other hand; **de toutes —s** on all sides
partage *(m.)* division of property
partager to share
parti *(m.)* political party
particulier, particulière *(n.)* private person (party)
particulier (particulière) *(adj.)* private, personal
passant(e) *(n.)* passer-by

passer to spend (time), to pass, to go away, to go through;
  — un examen to take an exam; **se —** to happen; **se —
  de** to do without
passerelle *(f.)* boarding ramp
passion *(f.)* liking, fondness, enthusiasm
passionant(e) exciting, thrilling
pasteur *(m.)* minister
pastis *(m.)* anise aperitif
patron, patronne *(n.)* boss
patte *(f.)* sideburn; paw
paupière *(f.)* eyelid
payer to pay for, to pay
péage *(m.)* toll
peau *(f.)* skin
péché *(m.)* sin, transgression
peigne *(m.)* comb; **un coup de —** hair trim, cut
peigner to comb
peindre to paint
peine *(f.)* punishment, penality, pain, grief, trouble
peintre *(m.)* painter
peinture *(f.)* painting
pelouse *(f.)* lawn
pendant during; **— que** while
pénible *(adj.)* hard, painful, sad
pension *(f.)* allowance, payment for board and lodging; **—
  alimentaire** alimony (check); **demi- —** breakfast and
  dinner
pente *(f.)* slope, ski slope
percevoir to collect, to receive (salary);
  — des intérêts to charge interest
perdre to lose; **— connaissance** to lose consciousness
permis *(m.)* **de conduire** driver's license
perruque *(f.)* wig
peser to weigh
pétrir to knead
peur *(f.)* fear; **avoir —** to be afraid, to fear
pharmacien, pharmacienne *(n.)* pharmacist
physique *(m.)* external appearance
pièce *(f.)* room, play, coin, part, document
pied *(m.)* foot
piétinement *(m.)* trampling, treading (under foot)
piéton *(m.)* pedestrian
pince *(f.)* forceps
piquer *(fam.)* to steal
piqûre *(f.)* shot, injection
pire worst
piste *(f.)* runway, (ski) run
place *(f.)* position, place, space, room, seat
plaindre to pity, to be sorry for; **se — de** to complain
  about
plaire to please
plaisant: un mauvais — a crank telephone call(er), a
  practical joker
plaisanterie *(f.)* joke
planifier to organize; to plan
plat *(m.)* dish (container or contents)
plat(e) flat, dull, insipid
plâtre *(m.)* plaster
plein *(m.)* **faire le —** to fill up with gas
pleurer to cry, to weep
pleurnicher to whimper, whine

plomber   to fill (tooth)
plumer   to fleece someone
plus   more, also, in addition; **de —**   more
plusieurs   several
plutôt   rather
poche (f.)   pocket
poids (m.)   weight; **faire le —**   to be up to the job
poignée (f.)   handful
poignet (m.)   wrist
poil (m.)   animal hair, body hair
poindre   to sprout
pointe: en —   tapering, pointed
pointer   to check one's name off a list
pois (m.)   pea; **petits —**   green peas
poisson (m.)   fish
poitrine (f.)   chest
politique (f.)   policy
pomme de terre (f.)   potato
ponctuel (m.)   the here and now
port (m.)   wearing
porter   to carry, to wear; **se — bien**   to be in good health
portier, portière (n.)   porter, door-keeper
poser   to submit; **— sa candidature**   to submit one's application for a job
poste (m.)   job, employment; TV set
potage (m.)   soup
poudré(e)   powdered
pouls (m.)   pulse
poumon (m.)   lung
pourboire (m.)   tip
pourchasser   to pursue, to be in hot pursuit
poursuivre   to be continued, to follow its course
pourtant   however, nevertheless
poussé(e)   elaborated, over-developed
pouvoir (m.)   power
précaution (f.)   caution, care
se précipiter   to rush
préciser   to specify
prendre (pp. **pris**)   to pick up; **s'en —**   to lay the blame on
prescrire   to prescribe (remedy)
présentateur (m.)   master of ceremonies
pression (f.)   pressure
prestidigitation (f.)   sleight of hand
se présenter   to introduce, present oneself, to appear
prêt(e)   ready; **— -à-porter**   ready-to-wear
prêt (m.)   loan
se prêter   to yield, to lend oneself to
prêtre (m.)   priest
preuve (f.)   proof, evidence
prévoir   to forecast, to provide for
prévu(e)   estimated, allowed, provided
prime (f.)   bonus
prise (f.)   intake, taking
privé(e)   private
prix (m.)   price; **— de revient**   cost price, net cost
proche   near
se procurer   to get for oneself
procureur (m.)   attorney; **— de la République**   public prosecutor
produit (m.)   product, production

profil (m.)   outline of characteristics, qualities, profile
profiter   to profit, to benefit; **— de**   to take advantage of
se promener   to take a walk
pronostic (m.)   prognosis
proposition (f.)   proposal
propre   clean, proper
proscrire   to proscribe
provenir   to result; **— de**   to come from
prudent(e)   cautious
publier   to publish
puce (f.)   flea
pudeur (f.)   reserve, modesty
puis   then, after, moreover
puissance (f.)   power, authority, strength
punir   to punish

quant à   as for, with regard to
quart (m.)   one fourth, quarter
quasi   almost, as if
quelconque   any (whatever)
queue (f.)   tail; **faire la —**   to stand in line
quittance (f.)   receipt for payment
quitter   to leave, to quit
quotidien (quotidienne)   daily; **un —**   daily newspaper

rabais (m.)   reduction (in price)
raccourcir   to shorten
raconter   to tell, to relate
radiographie (f.)   X-ray
raffiné(e)   refined, cultivated
rafraîchir   to trim
raid(e)   straight, taut, stiff
raie (f.)   part (of hair)
râler   to gripe, to grumble
rallier   to rejoin
ramassage (m.)   school bus service, picking up
rappeler   to recall, to mind
rapprocher   to bring near, to bring together
raser   to shave
rassembler   to assemble
rassurant(e)   reassuring, heartening
rater   to fail
rattraper   to catch up, to come up to
ravi(e)   delighted, overjoyed
réagir   to react
réaliser   to see through, to carry out; to realize
réapparaître   to reappear
recepteur (m.)   TV set; receiver
réception (f.)   reception, (front) desk
recette (f.)   receipts, gate-money
recevoir (pp. **reçu**)   to receive, to get
recherche (f.)   search, search for; **les —s**   research
rechercher   to search, look for; to seek after
réclame (f.)   advertisement
réclamer   to lodge a complaint, to claim, to demand (back)
réclamation (f.)   complaint, protest, claim
reconnaître   to recognize, to know again
recourir   to have recourse to
reçu(e)   received, accepted, recognized; **être — à un examen**   to pass a test

reçu (m.)   receipt, voucher
recueillir   to collect, to gather up
récuser   to challenge, to take exception to
recycler   to retrain
rédiger   to write, to edit (articles)
redingote (f.)   frock coat
redoubler   to do over, to repeat
redoutable   formidable, terrible
redouter   to fear, to dread
redresser   to correct, to set right again
réduire   to reduce
réel (réelle)   real, actual, genuine
réfléchir   to reflect, to think
refoulé(e)   repressed, kept back
régime (m.)   diet
règle (f.)   rule; **en —**   as a rule
régler   to regulate; to adjust
regretter   to regret, to be sorry, to miss
rejeter   to repeal, to reject
rejoindre   to join, to join again, to reunite, to catch up (to)
relent (m.)   unpleasant smell
religieuse (f.)   nun
rembourser   to pay back
remercier   to thank
remettre   to put back, to bring back, to return, to deliver, hand over
remonter   to make up for lost ground, to catch up to
remplissage (m.)   filling up, refill
remuer   to move, to stir, to shake
rémunération (f.)   payment for services
rémunéré(e)   rewarded, remunerated
rencontrer   to meet (by chance)
rendez-vous (m.)   date, appointment; **prendre —**   to make an appointment
rendre   to give back, to make, to produce; **se —**   to go, to make oneself; **se — compte**   to realize
renseignement (m.)   piece of information
rentabilité (f.)   capacity to produce money (profit)
rentable   capable of producing money
rentrée (f.)   re-opening of school
renvoyé(e)   expelled
renvoyer   to send back, to return, to fire an employee
répandre   to spread, to distribute
réparateur (m.)   repairman
repartir   to start again
répartir   to distribute, to divide
repos (m.)   rest; quiet
reprendre   to take up again
répugner   to feel reluctant to do something
requête (f.)   request, petition, suit
réservoir (m.)   gas tank (of car)
résolument   resolutely
ressentir   to feel (pain, emotion)
ressortir   to go, to come out again
rester   to stay, to remain
résoudre (pp. **résolu**)   to solve, to work out (problem), to settle (question)
rétablissement (m.)   move from one place of business to another; re-establishment
retard (m.)   delay; **en —**   late
retenir   to hold back, to retain, to check, to reserve

retentir   to reverberate, to have an effect, to cause
rétif (rétive)   stubborn, set against
retirer   to draw out, to withdraw, to remove
réunion (f.)   meeting
réunir   to assemble
réussir   to succeed; **— à un examen**   to pass a test
revanche (f.)   revenge, return match; **en —**   on the other hand, in return
rêve (m.)   dream
réveiller   to awake, to wake someone up; **se —**   to wake up
révéler   to reveal
rêver   to dream
réverbère (m.)   streetlamp
revient: prix de —   cost price, net cost
réviser   to review, to revise, to inspect, to overhaul (car)
se révolter   to rebel
rhume (m.)   cold
ricaner   to sneer
ride (f.)   wrinkle
rimmel (m.)   eyeliner
rincer   to rinse
rire   to laugh, to smile; **en riant**   jokingly, in jest
rompre   to break
rongé(e)   consumed, corroded
rosir   to become pink
rôti (m.)   roast, adj.   roasted
roue (f.)   wheel (of car)
rougeur (m.)   redness
rougir   to redden, to blush
rouleau (m.)   hair roller
rouler   to drive along
rusé(e)   crafty, shrewd

sac (m.)   sack; bag
sagement   judiciously; wisely
sagesse (f.)   wisdom; discretion; proverb
sain(e)   healthy
saisir   to seize; to take over
saison (f.)   season; **la belle —**   summer months
saluer   to greet; to bow to
sang (m.)   blood
sangsue (f.)   bloodsucker; leech
santé (f.)   health
sauter   to jump
savant (m.)   scientist; scholar
savon (m.)   soap
scène (f.)   stage; scene; quarrel
sceptique   skeptical
sciemment   knowingly
scientifique (m. ou f.)   scientist
sclérosé(e)   grown hard; blocked
sécher (fam.)   to skip out; to skip (a course)
sécheresse (f.)   drought
séduisant(e)   attractive
sein (m.)   breast; bosom
séjour (m.)   stay; sojourn
séjourner   to reside
sélectionner   to select
selon   according to
sembler   to seem

sens (*m.*) sense; meaning; direction; order; **le bon — ** common sense
sensible tangible, perceptible, sensitive
sentir to feel; to sense; to smell; **se — ** to feel
serveuse (*f.*) waitress
serviette (*f.*) towel; napkin
servir to serve; to be useful; **se — de** to use; **— de** to be used as; to serve as
seul(e) only; along; by oneself; single; **tout — ** all alone; by oneself
seulement only; solely
siècle (*m.*) century
signaler to signal; to point out
signer to sign
slip (*m.*) underpants; briefs
soumettre to submit
stationner to park (car)
sobre simple; plain
sobriété (*f.*) moderation; simplicity
soigner to care for; to take care of; **soigné(e) de sa personne** well-groomed
soin (*m.*) care
solde (*m.*) balance in account; **en — ** on sale; **vente de —s** clearance sale
somme (*f.*) sum; total; **en — ** finally: in short
sommet (*m.*) top
sondage (*m.*) opinion poll
songer to think about: to dream
sonnerie (*f.*) ring; ringing
sorte (*f.*) kind; type
sortie (*f.*) exit; date; going out; outing
sortir to leave; to go out, to exit; **— avec** to go on a date with; **s'en — ** manage, to pull through
sot (sotte) foolish; silly
souci (*m.*) anxiety; problem
soudain suddenly
souffler to pant, puff; to blow
souffrir to suffer
se soulever to revolt
soupçonner to suspect
soupçonneux (soupçonneuse) suspicious, suspected
sourcil (*m.*) eyebrow
sourire to smile
sous-entendu implied; hinted at
sous-sol (*m.*) basement
soutenu(e) supported
soutien-gorge (*m.*) brassiere
speaker, speakerine (*n.*) announcer
spectacle (*m.*) show; sight
squelette (*m.*) skeleton
stage (*m.*) period of instruction; **faire un — ** to work as a trainee
stupéfait(e) dumbfounded
subir to undergo; to suffer; to go through
succéder to follow after; to succeed
sucre (*m.*) sugar
suffire to suffice; to be sufficient; **cela ne suffit pas** that's not enough
suffrage (*m.*) vote
suite (*f.*) continuation; **par la — ** afterwards
suivre to follow; **— un cours** to take a course

sujet (sujette) à subject to
supporter to tolerate; to stand, put up with
supranormal (supranormaux) suprabnormal
suralimenter to overfeed
surcroît (*m.*) addition; increase; **de — ** in addition
suréquipement (*m.*) overload, excess of equipment
surgir to surge; to rise
surmonter to overcome
surprendre to surprise
sursaut (*m.*) start, jump; reaction
sursauter to start (involuntarily); to give a start
surtout above all, mainly, especially
surveiller to watch
survêtement (*m.*) track suit
survie (*f.*) survival
susurrer to murmur; to whisper
syndicaliste (*m. ou f.*) union member
syndicat (*m.*) labor union

tableau (*m.*): **— de bord** dashboard
tableautin (*m.*) little picture (scene)
table d'écoute (*f.*) listening board or device
tabou (*m.*) taboo
tâche (*f.*) task, duty
taille (*f.*) waist
tailleur (*m.*) woman's suit
se taire to be silent, to shut up
talon (*m.*) heel
tant so much, so many; **— mieux** so much the better; **— pis** too bad; **— que** as long as; **en — que** in so far as
tard (*adv.*) late
tare (*f.*) defect
tarif (*m.*) list of charges, rate, price list
tartine (*f.*) slice of bread with butter, honey, jam, etc.
tasse (*f.*) cup
taux (*m.*) rate, rate of exchange
teindre to dye
teint (*m.*) complexion
tel (telle) such, like, similar; **un — ** such a
télésiège (*m.*) ski chair lift
téléspectateur (*m.*) television viewer
téléviseur (*m.*) television set
téméraire reckless, daring
témoignage (*m.*) evidence, testimony
témoin (*m.*) witness
tempe (*m.*) temple (of forehead)
tempête (*f.*) storm
temps (*m.*) time, weather, tense; **mi-— ** half time
tenace tenacious, clinging
tendre to tend, to stretch
tenir to hold; **— compte de** to take something into account or consideration; **— à** to be attached (by affection), to value, to prize something
tension (*f.*) blood pressure
tenter to attempt, to try, to tempt
tentures (*f.pl.*) hanging, tapestry
tenue (*f.*) dress
terrain (*m.*) ground, playing field; **— d'atterrissage** landing strip
tête (*f.*) head

tiercé *(m.)* betting on first three (win, place, show) winners in a horse race

tiers *(m.)* third, one third

tirer to draw, to pull; to print; **— à découvert** to overdraw bank account; **s'en — de** to manage, to pull through, to get out of; **— sur** to fire, shoot at

titre *(m.)* title; **gros —** headline; **au même —** for the same reason

toit *(m.)* roof

tomber to fall (down); **— amoureux** to fall in love; **— en panne** to break down

tondeuse *(f.)* clippers (for hair)

tôt soon, quickly; **le plus —** earliest; **plus — que** sooner than

toucher to cash (check), to touch; **— à** to tamper with

tour *(m.)* turn, aspect, trip, service, twist; **faire le —** to go around

tourner to turn, to change

tournure *(f.)* bustle (of a dress)

tousser to cough

tout: du — at all

tracasser to plague, to bother

traîner to be lying about, to be found

traiter to handle (business), to transact

trajet *(m.)* trip, journey

tranche *(f.)* slice

traquer to track down, to hunt down

travail *(m.)* work; **un —** job, work; **des travaux pratiques** recitation exercises; **des — dirigés** discussion section(s)

travailler to work

travailleur, travailleuse *(n.)* worker

travailleur (travailleuse) *(adj.)* hard-working

traversée *(f.)* crossing, passage

traverser to go across, to pass through

tribunal *(m.)* court of justice, magistrates

tricher to cheat, to trick

tricherie *(f.)* trick, cheating

tricot *(m.)* sweater; **— de peau** undershirt

tricoter to knit

tristesse *(f.)* sadness

se tromper to be mistaken

trompeur (trompeuse) misleading, deceptive

tronc *(m.)* trunk (of body)

trotter to trot, to be on the go

trottoir *(m.)* sidewalk

trouver to find, to locate; **se —** to be located; **comment trouvez-vous . . . ?** what do you think of . . . ?

truc *(m.)* thing, gadget, knack, trick

tuer to kill

usé(e) worn out, stale, hackneyed

usine *(f.)* factory

utopique utopian

vaillant(e) courageous

vaincu(e) conquered, vanquished

vainqueur *(m.)* champion, winner

vaisselle *(f.)* dishes; **lave- —** dishwasher

valeur *(f.)* value

valoriser to be of value, worth, or importance

valorization *(f.)* process of being given value or worth

vedette *(f.)* star

veiller (à) to watch over

veine *(f.)* vein

vendre to sell

vent *(m.)* wind

vente *(f.)* sale

vérité *(f.)* truth

vernis *(m.)* nail polish

verser to deposit, to spill

veste *(f.)* jacket

veston *(m.)* man's suit jacket

vêtement *(m.)* article of clothing

veuf *(m.)* widower

veuve *(f.)* widow

viande *(f.)* meat

vide empty

vider to empty, to clear out

vieillir to grow old

vif (vive) lively

vingtaine about twenty

viriliser to become manly

visage *(m.)* face

viser to aim, to have in view, to aspire

vitesse *(f.)* speed

vitrine *(f.)* shop window

vivre to live, to be alive; **à la —** as if alive, living

voire indeed, in truth; **— même** and even

voix *(f.)* voice

vol *(m.)* flight

volant *(m.)* steering wheel (of a car)

voyageur, voyageuse *(n.)* traveler

vue *(f.)* sight

Illustration credits